"Neste livro bem pesquisado e bem escrito, David Broder mostra como a ascensão da Lega e de seu atual líder Matteo Salvini emergiu após décadas de estagnação econômica, desespero social e niilismo político na sociedade italiana. E como o fracasso abjeto da esquerda italiana em representar os interesses dos trabalhadores contribuiu para o sucesso da extrema direita."
– **Paulo Gerbaudo**

"Disseca habilmente as tendências políticas e sociais que explicam o renascimento da Lega Nord desde 2013."
– **Tony Barber**, *Financial Times*

"David Broder desvenda o mistério de como uma das democracias mais estáveis da Europa, ostentando direitos trabalhistas soberbos e uma próspera economia manufatureira, tornou-se um caso perdido quase da noite para o dia – atormentado por instabilidade política, pobreza e emigração em massa."
– **Robert Maisey**, *Tribune*

"Nenhum outro livro oferece uma análise tão clara e concisa do quanto a Itália mudou para pior neste mundo neoliberal."
– **Chris Bambery**, *Brave New Europe*

"David Broder nos prestou um grande serviço com este relato sucinto da democracia neoliberal italiana. Se vemos o que aconteceu na Itália como excepcional, não apenas não entendemos o que aconteceu, mas também não recebemos o aviso de que o que acontece lá pode acontecer aqui. Fomos avisados".
– **Chris Bambery**, *Counterfire*

DAVID BRODER

PRIMEIRO ELES TOMARAM ROMA

COMO A EXTREMA DIREITA CONQUISTOU A ITÁLIA APÓS A OPERAÇÃO MÃOS LIMPAS

TRADUZIDO POR ALINE KLEIN

2022
AUTONOMIA LITERÁRIA

DAVID BRODER

PRIMEIRO ELES TOMARAM ROMA

COMO A EXTREMA DIREITA CONQUISTOU A ITÁLIA APÓS A OPERAÇÃO MÃOS LIMPAS

TRADUZIDO POR ALINE KLEIN

2022
AUTONOMIA LITERÁRIA

SUMÁRIO

Prefácio
A operação que inspirou a Lava Jato
e abriu caminho para o populismo reacionário
por Marcelo Semer.. 7

Introdução.. 11

1. O polo do bom governo 17

2. "Diga algo de esquerda!" 63

3. Um país para velhos 105

4. Enviem os palhaços 137

5. O triunfo de Salvini 177

Conclusão.. 213

Agradecimentos 223

Sobre o autor 225

Prefácio
A operação que inspirou a Lava Jato e abriu caminho para o populismo reacionário

por Marcelo Semer[1]

David Broder começa esse livro contando sobre a demanda histórica da classe média italiana para viver em um "país normal", a partir da obsessão de modelos políticos supostamente mais estáveis, como o britânico ou alemão. Termina se perguntando o quanto a experiência recente italiana servirá de laboratório para outros países. A turbulência institucional, assinala, é muito menos uma marca de atraso do que a possível visão de nosso próprio futuro.

A sopa de letrinhas das legendas partidárias, criadas ou extintas nas últimas três décadas, lembra um pouco nossa realidade eleitoral. E o leitor que terá agora acesso a essa obra, pelas mãos da antenada equipe da Autonomia Literária, provavelmente vai se interessar por possíveis paralelos com a política brasileira. Especialmente, pela interferência de um cataclisma que ajudou a explicar como o populismo reacionário conquistou a Itália: uma operação anticorrupção, que se notabilizou pelo ativismo do sistema de justiça, pela espetacularização do processo e pelo estrondo então provocado nos partidos tradicionais.

---

[1] Marcelo Semer é desembargador do Tribunal de Justiça de São Paulo e escritor. Mestre em Direito Penal e Doutor em Criminologia pela USP. Membro e ex-presidente da Associação Juízes para a Democracia. Autor, entre outros, de *Os Paradoxos da Justiça: Judiciário e Política no Brasil* e *Entre Salas e Celas. Dor e esperança nas crônicas de um juiz criminal.*

Primeira como tragédia, depois como farsa

Como se sabe, Sérgio Moro escreveu artigo sobre a Operação Mãos Limpas em 2004, dez anos antes de conduzir a Operação Lava Jato. Tratou a operação como um momento extraordinário na história do Judiciário, sem conter sua desbragada admiração. Entre os procedimentos que apreciou na operação italiana, o contingente de prisões direcionadas à confissão e os vazamentos seletivos na mídia que acabaram por provocar o efeito-dominó nos políticos delatados. Quanto à explosão do sistema partidário, resumiu como sendo *essencial para o sucesso da operação*. Por aqui, a dinâmica de importar a opinião pública para dentro do processo traria o bônus de dilacerar a racionalidade do Supremo Tribunal Federal, que ainda sofre para se recompor.

Como imortalizou Karl Marx no *18 de Brumário de Luis Bonaparte*, "a história se repete duas vezes, a primeira como tragédia, a segunda como farsa". No caso brasileiro, a farsa foi a confusão, proposital ou involuntária, do juiz com o papel da acusação – num erro de tradução sobre a função que desempenhavam os "juízes" de lá, na verdade, como os nossos membros do Ministério Público. O resultado acabou exposto na Vaza Jato, que serviu de autópsia da operação, desvelando a promiscuidade entre juiz e promotor em conversas reservadas ao longo de anos, com a ativa participação do julgador na construção e desempenho da acusação.

Ao final, a operação que ajudou a pavimentar o caminho da extrema direita ao Planalto por aqui, com um candidato que também bravateava contra a "velha política", serviu para instalar o próprio juiz como seu ministro da Justiça. E numa reviravolta que deixaria os italianos satisfeitos por sua estabilidade, depois de ter sido considerado parcial no julgamento que excluiu Lula da disputa em 2018, o ex-juiz se apresentou como candidato para tentar enfrentá-lo em 2022, mas acabou desistindo por não ter decolado nas pesquisas.

O impacto da operação na Itália foi decisivo. Broder descreve, em um enredo minucioso, como depois da Operação Mãos Limpas três formas distintas de reacionarismo populista tomaram conta da política italiana. Silvio Berlusconi, magnata das comunicações, foi o primeiro a surfar no sentimento antipolítico, que acabou provocando a maior renovação no parlamento, com 2/3 dos congressistas trocados no pleito após as denúncias. Entre idas e vindas ao poder, o primeiro beneficiado da operação anticorrupção acabou ele mesmo sendo condenado e preso.

Em um recorte de autocrítica, Broder que é editor da *Jacobin* europeia, também atribui às mazelas da esquerda o enfraquecimento da política – sobretudo a extinção do maior partido comunista da Europa Ocidental e o equívoco de seus legatários, conniventes por impulsionar mudanças neoliberais. Esforços fiscais, sobretudo para acompanhar a política da União Europeia, acabaram por firmar a prevalência de tecnocratas sobre o discurso partidário.

A perda de confiança na política e a luta contra seus desvios não resultou em nenhum avanço da representação popular e tampouco acrescentou algo no accountability. Mas o descrédito profundo dos partidos estimulou o ingresso de novos atores no cenário com a força das redes sociais.

Criado à luz das críticas de um comediante e baseado em um blogue e uma plataforma interativa na web, o partido Movimento Cinco Estrelas orbitou, supostamente, a direita e a esquerda, por intermédio da emulação de um falso dilema: não se tratava mais de contrapor ideologias ou regionalismos, mas separar cidadãos de bem contra políticos corruptos. Ao contrário de reagir a reformas liberais que enfraqueciam proteções sociais, por exemplo, seus líderes brandiam o "Fora todos eles!", que acabou traduzido em um escatológico "Vaffanculo Day".

Broder nos conta como o anticomunismo tardio provocou o ressurgimento da extrema direita, as peripécias dos acordos entre neoconservadores e neoliberais no governo, e um momento especial em que o líder fascista Matteo Salvini, o terceiro populista conservador, vindo de um partido originalmente separatista, põe em funcionamento sua estratégia para tomar o poder – depois de aterrorizar a Europa com uma política fortemente antimigratória enquanto ministro do Interior. Com os bárbaros à porta, descreve Broder, o sistema político italiano tenta reagir a essa deterioração final.

Aprendizado

O patchwork de peculiaridades culturais, na feliz expressão do autor, dificulta uma importação imediata de modelos, ou o transporte de certas experiências. Mas há lições a serem aprendidas. O desprezo pela política, seja pelo exagero da judicialização, seja pela submissão a uma suposta democracia de internet, ou ainda pelo descrédito e desesperança generalizados, leva a soluções ainda piores com a ascensão dos outsiders. Os que se põem à margem da política para tomar o poder em nome da lisura, das quebras de privilégios ou, enfim, da nação, não vão deixar de fazer política – vão fazer, mas sem deixa-la à mostra e, por isso mesmo, com menos controle popular.

Com linguagem fluente, repleto de informações, mas sem academicismos, Broder passeia sobre temas que lhe são caros, a prevalência do neoliberalismo, a submissão dos membros da zona do Euro às economias de moedas fortes, e as fissuras da esquerda, que acabaram por contribuir de forma decisiva para esse quadro. E não se esquiva de apontar caminhos.

O livro que o leitor tem em suas mãos é uma preciosidade: informação, análise e engajamento em medidas adequadas. Dizer mais seria tolhê-lo de mergulhar o quanto antes nessa piscina de conhecimento e crítica.

Introdução

Como um inglês vivendo em Roma, não me canso de ouvir os italianos de classe média louvando a Grã-Bretanha como um "país normal". Vista da Itália, a Inglaterra é uma terra com um transporte público eficiente, um sério profissionalismo na vida pública e habitantes amigáveis que oferecem bandejas de chá e bolos. Quando um recente presidente italiano foi criticado em um escândalo de escuta telefônica, o principal jornal do país lamentou a ausência do "respeito profissional" que supostamente caracteriza as trocas na Câmara dos Comuns.

Esse não é o único caso curioso. Enquanto a Itália se preparava para entrar na zona do euro, um importante editor do jornal *La Repubblica* publicou um livro intitulado *Germanizzazione* [Germanização], que caracteriza a moeda única como uma forma de aumento do controle alemão, mas afirmando que isso seria uma coisa positiva. Mario Monti, que se tornou primeiro-ministro em 2011, concordou com o fato de que para a Itália se tornar um "país normal", seria necessária uma "amarra externa", o que ele definiu como "negar um pouco a nós mesmos". Porém, o que parecia menos "normal" nesses comentários era sua obsessão por modelos estrangeiros.

Talvez devêssemos questionar a ideia de que a Itália é realmente tão incomum assim. Os estudos da história política italiana frequentemente a apresentam como um mosaico de peculiaridades culturais, o resultado anômalo da tardia unificação nacional e sua posição na periferia da Europa. No entanto, na era do Brexit e de Donald Trump, a volatilidade e a fragmentação da vida pública italiana não parecem mais tão únicas. Hoje, sua turbulência institucional é menos um sinal de atraso e mais uma visão de nosso futuro.

O ex-assessor de Trump, Steve Bannon, reconheceu isso em outubro de 2018, quando escolheu instalar sua academia populista em um mosteiro perto de Roma – que ele chamou de "centro do universo político". Bannon veio para a Itália para aprender com Matteo Salvini, o mais recente líder a virar a política do país de cabeça para baixo. Depois de quase três décadas de definhamento das instituições democráticas, Salvini não apenas transformou seu partido, a Lega Nord, em uma força totalmente nacional, mas polarizou todo o campo político em torno de sua agenda nacionalista.

De fato, os últimos trinta anos de turbulência transformaram a volatilidade no novo normal da vida pública italiana. Seus partidos estão constantemente mudando de nome, líderes políticos proeminentes são responsáveis por constantes palhaçadas ultrajantes, enquanto os italianos seguem amando falar sobre as idiossincrasias que supostamente tornam esse país sem comparação. No entanto, por baixo do barulho e por trás da cortina de fumaça, existe uma realidade mais simples: estamos falando de uma grande potência industrializada, com profundas tradições democráticas, que, nas últimas décadas, mergulhou em uma profunda estagnação econômica e turbulência política.

Alguns comentaristas afirmam que as coisas sempre foram assim: que a Itália sempre foi atrasada e disfuncional, que nunca superou o fascismo ou que esta terra de "analfabetos funcionais" tem sido vítima de demagogos desde César. No entanto, o que está acontecendo hoje é verdadeiramente novo. Nas décadas do pós-guerra, a Itália desfrutou de um crescimento econômico tão rápido que seu PIB per capita excedeu o britânico; sua anomalia era precisamente ter um partido governante permanente e o maior Partido Comunista do Ocidente na oposição.

Entretanto, se isso era o normal mesmo até a década de 1980, hoje o oposto é verdadeiro. A Segunda República, inaugurada após o fim da Guerra Fria, viu uma das economias de melhor desempenho da Europa transformar-se em uma das mais fracas, com investimentos escassos, infraestrutura decadente e cerca de um terço de jovens sem trabalho nem estudo. Essa mudança também se reflete nos terremotos políticos, sem nenhuma força capaz de se impor de forma duradoura.

Na década de 1990, muitos insistiram que a modernização da Itália dependia da "amarra externa" prevista pelo projeto europeu. A Itália era, naquele momento, um dos países mais federalistas, seduzido pela perspectiva de se tornar um "país normal". Na época, não apenas a centro-esquerda liberal, mas também a Lega Nord e Silvio Berlusconi apoiavam a União Europeia (UE) como uma força que "salvaria" as finanças públicas da Itália e melhoraria sua cultura política. No entanto, atualmente, o euroceticismo dos italianos rivaliza até mesmo com o de seus colegas britânicos.

A Europa tem pouca resistência contra o crescente clima de descontentamento italiano. Tratando-se da terceira maior economia da zona do euro, na hipótese de um calote ou de uma saída da moeda única por parte da Itália, estaríamos falando de uma crise em grande escala. No entanto, a flexibilização necessária por meio do cancelamento da dívida minaria os princípios mais fundamentais da zona do euro. Grande demais para falir e grande demais para salvar, a Itália está condenada ao regime permanente de gestão de crises, um verdadeiro colapso que é eternamente empurrado com a barriga.

Há pouco apetite para uma ruptura completa com o euro. Antes das eleições gerais de 2018, tanto o Movimento Cinco Estrelas (M5S) quanto a Lega Nord desistiram de qualquer perspectiva de abandonar a moeda única. Nos últimos anos, esses insurgentes exploraram um clima de descontentamento popular expresso também na crescente desconfiança dos italianos em relação ao poder do Parlamento europeu em Bruxelas. Porém, esse mal-estar político também implica uma perda geral da confiança em esforços coletivos, impedindo até mesmo essas forças de prever um salto para fora da zona do euro.

A extrema volatilidade da política italiana tem andado de mãos dadas com o estreitamento das alternativas políticas. O teatro do personalismo e da identidade se intensifica, enquanto a perspectiva de uma mudança nas prioridades econômicas é abandonada. Mesmo que insurgentes como M5S e a Lega não falem sobre os interesses coletivos do povo italiano, mas apenas sobre a defesa do "cidadão de bem", eles parecem cada vez menos galvanizar as massas para uma revolta populista do que refletir um sentimento generalizado de atomização e desespero individual.

Para explicar os tempos voláteis em que esses partidos ganharam proeminência, este livro está estruturado de acordo com os principais desenvolvimentos na história recente da Itália, desde o fim da Guerra Fria até a era Berlusconi e o despertar da crise econômica de 2008. Examinarei as formas de mobilização e a agenda política dos insurgentes e como seus oponentes conseguiram lhes fornecer um caminho para o poder. Um estudo da história nacional italiana também nos permite identificar as tensões que dividem a vida pública no Ocidente.

O Capítulo 1 explica como a Lega Nord fez sua primeira aparição na cena política. O capítulo demonstra que o colapso da ordem da Guerra Fria e a destruição dos partidos em que ela se baseou abriram as portas para um ataque aos padrões democráticos. Aproveitando a atmosfera anticorrupção, a chauvinista Lega Nord aliou-se a outras forças populistas, de Silvio Berlusconi aos pós-fascistas, para impor um novo senso comum "antipolítico", por meio do qual a extrema direita pôde empurrar seus próprios tropos culturais.

O Capítulo 2 examina o fenecimento da oposição a essas crescentes forças reacionárias e o colapso da outrora poderosa esquerda italiana. Em particular, este capítulo investiga como nos anos 1990 e 2000 os partidos da centro-esquerda "modernizada" tentaram, sem sucesso, mudar de base aproveitando a onda da política anticorrupção, do antiberlusconismo e do desejo de privatização para se reorientar em direção a uma identidade liberal europeísta.

O Capítulo 3 apresenta a Itália como uma gerontocracia, um país para velhos. Numa época em que os jovens não conseguem encontrar trabalho e muitos são forçados a viver com os pais, os proprietários e aqueles em cargos de autoridade estabelecidos estão cimentando seu controle social. O enfoque na emigração de jovens, assim como a retórica dos ministros em torno dos jovens "preguiçosos" e "exigentes" que não conseguem sobreviver na Itália, evidencia as fontes de desilusão dos jovens com o processo político.

O Capítulo 4 examina o ponto de inflexão de novas forças políticas que exploram o clima de descontentamento. Aqui, exponho a ideia de que a promessa do M5S de destruir a gerontocracia italiana se transformou em uma visão tecnocrática e despolitizada de governo, oferecendo ao cidadão atomizado uma administração estatal mais racional. No entanto, o partido também se baseia em uma profunda desconfiança nas instituições, com o esvaziamento do debate público, o declínio do comparecimento às urnas e a busca por soluções tecnocráticas rápidas.

A ascensão do M5S, canibalizando o voto da juventude e dos trabalhadores e derrubando a centro-esquerda serviu, por sua vez, de trampolim para a Lega de Matteo Salvini, apesar da base de apoio deste partido ser outra. O Capítulo 5 mostra que, mesmo com a radicalização da Lega, ela se aproxima de um prêmio não reivindicado há décadas: a criação de um partido conservador nacional, que integra as elites tradicionais mesmo em regiões anteriormente inóspitas.

Comecemos com um mergulho na história recente da Itália, com a primeira entrada da Lega no cenário político.

1. O polo do bom governo

Antes mesmo da convocação das eleições, as palhaçadas dos insurgentes na Câmara dos Deputados demonstraram sua confiança crescente. À medida que aumentavam as evidências dos laços criminosos do ex-primeiro-ministro, um deputado da Lega Nord até mesmo brandiu um nó de forca para a bancada governista. E quando os italianos deram seu veredicto nas urnas, eles condenaram veementemente os partidos do *establishment*. Mais de dois terços dos parlamentares em exercício perderam seus assentos, já que o movimento anticorrupção fundado apenas três anos antes se tornou o maior partido na Câmara dos Deputados. A vilania da Lega Nord contra a ex-centro-esquerda comunista complementou sua guerra contra a falida direita tradicional, cujos parlamentares perderam assentos em toda a parte Norte da Itália. Ao identificar sua própria ofensiva eleitoral com a exposição de uma vasta teia de subornos e propinas dos magistrados, o partido chauvinista do Norte prometeu impor sua agenda radical a uma nova administração populista.

Essa não é uma descrição do ponto de inflexão de Matteo Salvini em 2018, mas de uma revolução política ocorrida um quarto de século antes. Nas eleições gerais de 1994, a Lega Nord de Umberto Bossi – uma aliança de seis ligas regionais que formaram uma única força no final dos anos 1980 – elegeu mais parlamentares do que qualquer outro partido, obtendo 117 cadeiras das 630 disponíveis na Câmara dos Deputados. Contando com 8,5% dos votos, o resultado eleitoral da Lega Nord se deve à concentração geográfica de seu apoio e, apesar do número de cadeiras, ela entrou no governo como um parceiro menor na coalizão de Silvio

Berlusconi. Ainda assim, seu sentimento antipolítico atraiu amplo apoio na sociedade italiana, na medida em que ela combinava uma desaprovação populista das elites políticas com o apelo de livre mercado por uma revolução thatcherista na Itália. O partido de Bossi se apresentou como a voz do moderno e produtivo Norte em rebelião contra a "Roma ladra" e o "Sul preguiçoso e corrupto".

Em 2018, a Lega já era uma fera bem diferente: havia se tornado um partido nacionalista totalmente italiano, um verdadeiro desafio nacional para Berlusconi. No entanto, seu sucesso sob a liderança de Salvini teria sido impossível sem as fortalezas construídas na década de 1990. Nas eleições gerais de 2018, 50% de todos os votos foram para o Movimento Cinco Estrelas ou para a Lega, o que viria a ser amplamente caracterizado como a morte dos partidos tradicionais. Mesmo em conjunto, os democratas de centro-esquerda e a Força Itália de Berlusconi obtiveram apenas 33% dos votos: o líder do M5S, Luigi di Maio, pôde declarar o fim da "Segunda República", dominada por essas forças. Contudo, um olhar sobre os acontecimentos de 1994 revela as raízes superficiais desses partidos "estabelecidos" e um período mais longo de volatilidade que permitiu à direita populista começar sua ascensão. A eleição geral de 2018 é facilmente apresentada como um momento único de convulsão, já que 65,9% dos parlamentares renunciaram ou perderam seus assentos. No entanto, esse número foi ligeiramente inferior ao volume da rotatividade legislativa registrada em 1994 (quando 66,8% dos deputados foram expulsos) e semelhante ao registrado na última corrida de 2013 (65,5%).[2]

Quando compreendemos esse longo período de crise, também começamos a duvidar da ideia de que o pacto entre o M5S e a Lega,

---

[2] Eugenio Salvati e Michelangelo Vercesi, "Party Organizations and Legislative Turnover: Signals of an Unstable Parliamentary Class?", *Italian Political Science*, v. 13, n. 1, maio de 2018.

selado em junho de 2018, representa o "primeiro governo totalmente populista"[3] da Europa. O sentimento antipolítico que hoje se espalha no Ocidente surgiu na Itália não apenas na época de Trump e do Brexit, mas um quarto de século antes. Já naquela época, a Itália viu a destruição da "Primeira República", que se formara após a Segunda Guerra Mundial, uma república cujos partidos – Democracia Cristã (DC), Partido Socialista Italiano (PSI) e Partido Comunista Italiano (PCI) – chegaram ao fim de suas respectivas histórias entre 1991 e 1994. O desaparecimento desses partidos desmantelou o alicerce do sistema político italiano e abriu caminho para sua reconstituição em bases novas e menos estáveis.

Na verdade, se após o sucesso do M5S nas eleições gerais de março de 2018, Di Maio afirmou que o poder dos cidadãos triunfou sobre partidos do *establishment* como o Partido Democrático (PD) e o Força Itália, as forças aniquiladas então eram simplesmente um produto efêmero das últimas décadas. Se nos anos 1990 esses partidos reproduziram um modelo clássico e binário entre centro-esquerda e centro-direita, eles também refletiram os tempos pós-modernos que se seguiram ao fim da Guerra Fria, com o desaparecimento das famílias políticas comunistas e católicas que há muito prevaleciam. A vida dessas novas forças foi, em vez disso, marcada por mudanças radicais no cenário político, da integração da Itália em uma nova ordem europeia ao declínio do movimento dos trabalhadores e ao esvaziamento dos velhos partidos de massa. Diante de uma crise aparentemente perpétua, uma série de salvadores emergiu prometendo estabilizar o Estado novamente, de Silvio Berlusconi a ex-banqueiros e até mesmo figuras como Matteo Renzi. Nesse sentido, a Lega de Matteo Salvini é apenas a mais recente força que promete restaurar a ordem no lugar do caos.

---

[3] Essa expressão amplamente usada parece ter aparecido pela primeira vez em "The Wills of the People", *The Economist*, 17 de maio de 2018.

O fim da Primeira República não foi um evento único, tendo sido moldado pelas fragilidades que há muito se acumularam no Estado que emergiu da Segunda Guerra Mundial, dominado pelos democratas-cristãos. A morte dessa ordem no início dos anos 1990 casou-se com acontecimentos como a autodissolução do Partido Comunista, a derrubada dos socialistas e democratas-cristãos por magistrados da agenda anticorrupção, a aceleração da integração europeia e a ascensão de Berlusconi. Após o colapso das antigas fortalezas partidárias, o sistema político italiano teria de ser fundado em novos alicerces – e as formas que assumiu apenas evidenciaram como os laços entre os partidos e a sociedade estavam enfraquecidos. Isso preparou o terreno para um novo conjunto de forças políticas, incluindo uma direita radicalizada, rompendo com o passado democrata-cristão.

Com a morte das forças que haviam dominado a vida pública desde 1945, os partidos de massa deram lugar a uma série de figuras "heroicas" de fora do mundo da política, à medida que juízes, tecnocratas e artistas de televisão juravam drenar o pântano da corrupção em Roma. A morte da Primeira República não foi uma visão edificante, mas certamente foi um espetáculo. Isso foi visível desde o ato de abertura de seu desaparecimento, os julgamentos da operação Mãos Limpas, que começaram em 1992. Ao expor a teia de suborno e peculato que havia se acumulado sob o antigo regime, os julgamentos transformaram os juízes investigadores em celebridades, à medida que seus interrogatórios dos políticos eram transmitidos em toda Itália. A causa, no entanto, contribuiu para alimentar um profundo cinismo popular na própria ação política.

A operação Mãos Limpas nasceu em 1992 não tanto por um repentino aumento da corrupção, mas pelo grau de instabilidade em que se encontrava a política italiana no final da Guerra Fria. Isso se deve em grande parte à dissolução do PCI em 1991, um acontecimento que, a princípio, prometia diminuir os riscos da luta política. A constante ameaça dos comunistas – o segundo partido mais poderoso da Itália – há muito fomentava a conivência da elite, servindo tanto como um inimigo contra o qual se unir quanto como uma razão para que outros partidos e seus parceiros na mídia não se aprofundassem muito nos assuntos uns dos outros. No entanto, o desaparecimento desse bicho-papão comunista minou a solidariedade histórica entre as elites italianas e entre partidos como a DC católica e o PSI da esquerda moderada, que foi imediatamente posto à prova. Mas, se naquele momento os rivais históricos do PCI se sentiam mais livres para jogar lama uns nos outros, isso não tornava a vida pública mais limpa. Em vez disso, a destruição dos velhos partidos de massa pavimentou o caminho para forças que fundiram os interesses públicos e privados de forma ainda mais ostensiva.

O magnata da mídia Silvio Berlusconi, que entrou na cena política em 1994, resumiu bem esse processo. Seu projeto era recriar a direita em torno de sua figura, explorando o clima mais favorável à desregulamentação e à liberalização. Ele galvanizou sua base com ataques veementes contra "vermelhos" e "comunistas" – a centro-esquerda, por sua vez, denunciou a conduta pessoal vulgar de Berlusconi e a degradação da sua vida pública. No entanto, muitas de suas posições ideológicas eram surpreendentemente semelhantes. Em 1991, o Partido Comunista, quase como se para se redimir, mudou seu nome para Partido Democrático de Esquerda (PDS); os ex-seguidores de Lênin e Antonio Gramsci logo se definiram não mais como partidários da luta de classes, mas como aspirantes a líderes de uma máquina institucional enxuta, limpa e favorável aos negócios. Nos anos que se seguiram, eles emprestariam repetidamente seu apoio parlamentar a administrações tecnocráticas, inclusive nomeando administradores não eleitos do Banco Central como ministros de seus próprios governos. Sob a poderosa influência da esquerda comunista e socialista, a Constituição promulgada em 1947 havia declarado a Itália uma "República democrática fundada no trabalho", enfatizando pelo menos retoricamente os interesses dos trabalhadores. Em sua forma liberalizada, na década de 1990, a Constituição modificada pela centro-esquerda enraizava um orçamento equilibrado e sobriedade nas contas públicas.

A Primeira República não foi uma época de ouro, e sua queda vergonhosa não foi fruto de uma conspiração. Como resumiu o jornalista Marco Travaglio, os julgamentos que desmascararam a "Propinópolis"[4] ocorreram "porque ocorreram muitas propinas". No entanto, como Eric Hobsbawm disse sobre a dissolução do Partido Comunista, o efeito do fim dos partidos de massa foi, de muitas maneiras, "jogar fora o bebê e ficar com a água do banho",[5] substituindo partidos corruptos por forças personalistas cujos assuntos internos eram ainda mais inescrutáveis. Longe de fortalecer a democracia italiana, a destruição da Primeira República abriu caminho para um ataque em massa ao patrimônio institucional e cultural da Itália do pós-guerra, dos direitos trabalhistas ao antifascismo e até mesmo ao papel da própria Constituição. Na verdade, o principal efeito da onda antipolítica não foi restaurar o poder aos cidadãos comuns, mas antes abrir caminho para forças reacionárias, privatizantes e até criminosas, capazes de explorar o vazio no coração da vida pública. A "revolução liberal" prometida pelos partidos da Segunda República prepararia, de fato, o terreno fértil perfeito para a Lega.

Addio, Prima Repubblica

A ideia de numerar repúblicas pode parecer um pouco estranha – na verdade, trata-se de uma invenção dos jornalistas italianos, que

---

[4] No original Tangentopoli, ou "cidade da propina". (N.E.)

[5] Citado por Simonetta Fiori em "Alberto Asor Rosa: Dobbiamo recuperare il senso di superiorità", *La Repubblica*, 24 de agosto de 2013.

procuraram delimitar as mudanças dos tempos políticos, em vez de uma parte do nome oficial do Estado. Esse hábito vem de além dos Alpes, partindo da França, que está hoje em sua Quinta República. Desde que a monarquia foi derrubada pela primeira vez pela Revolução Francesa, quatro outras repúblicas se levantaram e em seguida entraram em colapso. A história desses Estados foi, em todas as ocasiões, intercalada por crises na posição da França na ordem internacional, fosse em razão de ameaça de invasão (1793), derrota militar (1870, 1940, 1958) ou uma revolução em todo o continente europeu (1848). Cada uma dessas convulsões trouxe consigo um regime constitucional diferente que se propunha a impor ordem na bagunça: em três dessas ocasiões, a nova república veio após um período de restauração do regime monárquico ou ocupação estrangeira. Na Itália, as transições da Primeira para a Segunda e para a Terceira República não levaram a rupturas tão violentas nem a mudanças constitucionais. Mas, todas as vezes, a partilha de poder entre os principais partidos terminou com seu colapso coletivo e o surgimento de um novo sistema partidário estruturado por diferentes imperativos ideológicos.

Como suas contrapartes francesas, as repúblicas italianas tendem a resistir ou cair com base na posição internacional do país. A Primeira República emergiu da queda do império de Mussolini, e sua política foi essencialmente determinada pela divisão da Guerra Fria, visível primeiro nas influências concorrentes dos Exércitos dos Estados Unidos-Reino Unido e principalmente nos elementos de esquerda da Resistência que contribuíram para libertar a Itália do domínio nazifascista. Nos meses do pós-guerra, as principais forças reunidas no Comitê de Libertação Nacional (DC, PCI e Partito Socialista Italiano di Unità Proletaria, o PSIUP) redigiram em conjunto uma nova Constituição democrática, portadora do espírito de progresso e de unidade antifascista. No entanto, mesmo antes de o documento ser publicado, a visita aos Estados Unidos de Alcide de

Gasperi, primeiro-ministro da DC, na primavera de 1947, prenunciava um realinhamento político. Retornando fortalecido pelas promessas de investimento do Plano Marshall, ele expulsou o PCI e o PSIUP da coalizão governista, deixando seu partido como o pivô de todos os futuros governos.

As esperanças de que a Resistência conduzisse a uma profunda renovação das instituições italianas foram rapidamente frustradas. As tentativas da Casa de Savoia de se retirar do pacto de vinte anos com Benito Mussolini não foram suficientes para salvá-la no referendo de junho de 1946, quando os italianos votaram pela abolição da monarquia. De qualquer maneira, os anos imediatos do pós-guerra trouxeram anistia para a maioria dos crimes da era fascista, graças à legislação elaborada pelo líder do PCI e ex-ministro da Justiça, Palmiro Togliatti, em nome da restauração da paz social. Apenas 1.476 dos 143.871 funcionários do período fascista examinados pela comissão de expurgos foram demitidos de seus postos.[6] Ao mesmo tempo, o mito de uma Resistência nacional unânime teve o efeito perverso de evitar um confronto com o passado, não só selando a legitimidade da minoria partidária, mas também exonerando a massa passivo-colaboracionista. Após o fim da Resistência em 1947, os próprios comunistas foram levados ao escrutínio.

O fim da guerra e o "milagre" econômico das décadas de 1950 e 1960 foram um período de rápida industrialização, com poucos paralelos na Europa, alimentando o otimismo de que a Itália estava deixando para trás os velhos tempos. No entanto, sua política institucional estagnada ficou para trás em relação a muitos outros impulsos modernizadores da sociedade italiana. Isso se deve em particular ao domínio da DC. Não só o partido pôde contar com uma base sólida na classe média católica e no Sul rural – garantin-

---

[6] Citado em R. J. B. Bosworth, *Mussolini's Italy: Life under the Fascist Dictatorship: 1915–1945*. Londres: Penguin, 2007, p. 543.

do 35% a 40% do voto popular nas eleições gerais –, mas também desfrutou de um domínio das instituições nacionais apoiado pelos Estados Unidos, uma vez que a adesão italiana à Otan proibia efetivamente que as funções ministeriais fossem confiadas ao PCI. No entanto, a DC não fez tudo à sua maneira. Sua tentativa na década de 1950 de legislar uma maioria automática para o maior partido foi frustrada pelos partidos menores, e as décadas subsequentes de governo de coalizão foram caracterizadas por um ato constante de equilíbrio entre as facções internas da democracia-cristã e de vários partidos aliados menores.

Esse sistema enfrentou um primeiro grande teste em 1960, com um episódio que ameaçou trazer os neofascistas do Movimento Social Italiano (MSI) para o *mainstream*. Na década de 1950, esse partido fundado por nostálgicos de Mussolini havia desviado de posições antiestadunidenses e retoricamente anticapitalistas em busca de uma aliança com a linha dura da DC, o que se resumiu ao apoio externo a dois gabinetes democratas-cristãos no final da década de 1950. Em 1960, quando o Partido Socialista Democrático Italiano (um partido de social-democratas anticomunistas) rompeu sua aliança com o partido católico de centro, a DC ficou sem maioria no Parlamento; nomeado primeiro-ministro em 26 de março de 1960, Fernando Tambroni, da DC, formou um gabinete que dependia dos votos dos neofascistas. Embora o MSI não tenha recebido funções ministeriais, os sinais claros de apoio ao partido e sua tentativa provocadora de realizar seu congresso na antifascista Gênova geraram uma oposição generalizada e até confronto entre manifestantes. No verão de 1960, cerca de onze pessoas foram mortas pela polícia durante protestos contra o MSI.

No entanto, essa crise acabou servindo para marginalizar a extrema direita. A instabilidade que Tambroni havia fomentado logo provocou uma revolta entre os grandes nomes da DC, que o forçaram a deixar o cargo em julho do mesmo ano, para nunca mais voltar a se aliar ao MSI. Em vez disso, o movimento que se estendeu do Norte industrial às fazendas mafiosas do Sul marcou o início de uma revolta de classes não vista desde os dias da Resistência, que também ajudou a impor um cordão sanitário mais amplo contra os neofascistas. Desconfiados de novas inquietações desse tipo vindas da ala esquerda do espectro político, figuras mais liberais da DC decidiram que havia chegado o momento de integrar os socialistas no chamado pacto de centro-esquerda, em uma estrutura "modernizadora" que preservou e renovou o papel central da DC em todas as coalizões. Foi apenas na década de 1980 que a DC deu o cargo de primeiro-ministro aos republicanos de centro e depois aos socialistas; em todos os casos, continuou sendo a força dominante em todos os governos.

A constante criação de coalizões era uma resposta fraca à pressão eleitoral. Como observou o jornalista Paolo Mieli, desde a unificação nacional em 1861, o eleitorado italiano conseguiu impor uma troca direta de poderes entre a esquerda e a direita apenas duas vezes (em 1996 e 2008), e nenhuma vez durante a Primeira República (1948-1992).[7] O aumento constante do voto comunista a partir de 1948 (experimentando um retrocesso apenas em 1979) empurrou os outros partidos para uma colaboração mais estreita. Capazes de tratar o Estado italiano como se fosse sua propriedade em uma "democracia bloqueada", eles operaram com base no sistema Cencelli – assim chamado em razão do funcionário democrata-cristão que propôs dividir ministérios e cargos públicos entre facções do partido de acordo com o tamanho, seguindo um modelo de acionistas. Isso permitiu que eles compartilhassem não apenas cargos do governo, mas também o controle dos procedimentos licitatórios e da influência sobre órgãos do Estado, como a emissora pública italiana Radiotelevisione Italiana (RAI), com base em acordos entre as partes.

---

[7] Paolo Mieli, *Il caos italiano*. Milão: Rizzoli, 2017.

Essa cartelização atingiu seu pico na década de 1980, quando os governos de uma aliança de cinco partidos trouxeram organizações menores e mais fracas para a divisão institucional do poder. Essa administração quíntupla incluiu todas as principais forças parlamentares com exceção dos comunistas e neofascistas e, pela primeira vez, permitiu a nomeação de um primeiro-ministro socialista, Bettino Craxi, em 1983. O pentapartido personificava a maneira pela qual as forças dominantes da Primeira República podiam dividir cargos e influência entre si, tornando-se cada vez mais facções integradas na partilha do poder institucional, em vez de partidos com expressão de massas. O mandato de Craxi marcou uma notável inflexão para a direita do Partido Socialista, que, ao mesmo tempo, renunciou aos seus vínculos históricos com o marxismo e se distanciou mais claramente do PCI de Enrico Berlinguer. No entanto, ele entraria na memória coletiva não tanto como um herege de esquerda, mas como uma personificação da corrupção que deixou a Primeira República de joelhos.

Observamos que as repúblicas italianas tendem a surgir ou cair com base na posição internacional do país. O fim da Primeira República deveu-se principalmente ao fim da Guerra Fria, em particular porque o colapso do bloco oriental serviu de estopim para a dissolução do PCI. Posteriormente, examinaremos mais de perto o fim do PCI e suas consequências para a esquerda italiana ampliada. Seu efeito imediato, entretanto, foi minar a solidariedade do outro lado do espectro político, entre forças há muito ligadas por seu anticomunismo. No outono de 1990, vieram as revelações da Gládio, a chamada "operação de retaguarda" que a Otan havia desenvolvido para preparar a resistência militar a um golpe do PCI ou à invasão soviética. Quando o presidente Francesco Cossiga, em uma de suas explosões características, admitiu abertamente seu papel na Gládio, os partidos de esquerda pediram seu *impeachment*, logo forçando sua renúncia. No entanto, como o próprio Cossiga observou, uma vez que o Muro de

Berlim caísse, nem mesmo as forças que "empurraram do outro lado" – especialmente a DC – permaneceriam de pé.[8]

O desabamento do antigo edifício começou em 1992 com a prisão do socialista Mario Chiesa, um dos principais expoentes do PSI de Milão. Como administrador do lar de idosos Pio Albergo Trivulzio, Chiesa recebeu dezenas de milhões de liras em propina de Luca Magni, chefe de uma empresa de limpeza, em troca de contratos. Quando Magni, incapaz de fazer frente aos crescentes pagamentos, finalmente denunciou a situação ao magistrado Antonio di Pietro, foi desencadeada uma operação contra a corrupta máquina política. No início da noite de 17 de fevereiro, Magni entrou no escritório de Chiesa com um microfone e uma câmera escondidos; no instante em que o socialista concordou com a transação, como esperado, os *carabinieri* [gendarmaria italiana] irromperam na sala. Alarmado, Chiesa correu para o banheiro com os 37 milhões de liras (cerca de 20 mil euros) em dinheiro vivo provenientes de outro suborno e tentou, em vão, esconder o dinheiro na cisterna. À medida que a notícia se espalhava nas redes de televisão, o líder do partido Bettino Craxi tentava descartar Chiesa como um "vigarista solitário": o PSI em Milão, na "capital moral" do país, era, afinal, dirigido por "gente honesta".

Nem todos ficaram convencidos. Já em um artigo de maio de 1991 para a revista milanesa *Società Civile* [Sociedade Civil], o magistrado Di Pietro escreve sobre um clima de crescente impunidade. Ele era da opinião de que as compras públicas deveriam ser caracterizadas "menos em termos de corrupção ou abuso de poder do que em um contexto de pagamentos ilegais, uma situa-

---

[8] Veja a entrevista com Cossiga sobre essas explosões: "Cossiga vent'anni dopo le picconate 'Potessi tornare indietro starei zitto'". *Corriere della Sera*, 2 de agosto de 2009.

ção objetiva em que aqueles que pagam já nem esperam que lhes peçam algo, visto que nessa conjuntura subornos são habituais".[9]

Já em 1974, o *scandalo dei petroli* [escândalo do petróleo] expôs o relacionamento corrupto entre líderes de companhias petrolíferas e políticos proeminentes. Mas o que quebrou de forma mais dramática o sistema político em 1992 foi a perda da solidariedade interna. Rejeitado por seu partido e jogado na prisão, Chiesa logo começou a abrir o bico, revelando a vasta teia de subornos que o PSI havia orquestrado. Quando os juízes da "associação de Milão" reuniram os homens que ele indicou, estabeleceu-se um efeito dominó, e os subordinados do partido passaram a delatar os demais para se salvar. Das 4.520 pessoas investigadas em Milão, 1.281 foram condenadas, 965 por acordos judiciais de confissão de culpa.

Dilacerando as teias de conivência dentro da velha máquina do partido, o julgamento da operação Mãos Limpas esteve marcado por um vigoroso ativismo judicial. Como disse o juiz Francesco Saverio Borrelli sobre os políticos sob investigação: "Nós os prendemos para fazê-los falar. Nós os deixamos ir depois de terem falado". No entanto, o espetáculo criado em torno dos casos e a ascensão pública dos magistrados alimentaram sua própria integração direta no campo político. Os interrogatórios transmitidos pela televisão e, acima de tudo, os tons incisivos de Di Pietro no tribunal perturbaram a etiqueta costumeira da Primeira República, enquanto antiquados ofuscadores das instituições eram confrontados pelo espírito de cruzada do promotor. A mídia também liderou uma espécie de justiça de massa, principalmente quando alguns dos processados começaram a jogar sujeira uns nos outros. Quando os juízes de Milão iniciaram um julgamento contra funcionários locais do Partito Democratico della Sinistra (PDS) [Partido Democrático de Esquerda], o líder

---

[9] Citado em Gianni Barbacetto, "L'inchiesta vecchio stile Mani pulite, anno zero". *Archivio '900*, 15 de fevereiro de 2002.

da Lega, Umberto Bossi, orgulhosamente conduziu seus apoiadores ao tribunal para apertar a mão de Di Pietro na frente das câmeras. Ele mesmo admitiu em seguida que havia recebido grandes somas ilícitas do grupo industrial Montedison.

A imagem do estridente promotor-salvador-da-pátria, expondo as falhas de um sistema partidário moribundo em nome de italianos traídos, ganhou destaque principalmente em razão da resposta incipiente e fraca do governo. Em uma tentativa desajeitada de frear a onda de prisões, em 5 de março de 1993, o governo liderado pelo primeiro-ministro do PSI Giuliano Amato emitiu o Decreto Conso, que visava transformar o "financiamento ilegal de partidos" em uma simples infração administrativa. Esse decreto continha também uma "cláusula de silêncio", o que efetivamente permitiria sua aplicação retroativa, interrompendo assim milhares de investigações da Mãos Limpas. Os juízes de Milão responderam com um discurso na televisão alertando o público sobre o que isso realmente significava e, em meio ao tumulto que se seguiu, o presidente se recusou a assinar o texto do governo. A crise política, por sua vez, se agravou com a notícia, no dia 27 de março, de que o Ministério Público de Palermo investigava um dos pivôs da Primeira República, Giulio Andreotti, ex-primeiro-ministro da DC e ministro de longa data, por laços com a máfia. O sistema partidário começou a cair de joelhos.

O mal-estar se espalhou pelas divisões partidárias e alimentou os apelos por uma mudança nas formas de se fazer política. A principal crítica voltava-se para as listas por partido – o sistema eleitoral pelo qual candidatos favorecidos pelas máquinas partidárias podiam ter a eleição para o Parlamento garantida. Um referendo institucional em 18 de abril terminou com mais de quatro quintos dos eleitores apoiando um novo sistema, favorecendo o majoritário de turno único[10], de forma semelhante aos sistemas

---

[10] Nota da edição: O sistema majoritário de turno único consiste

dos Estados Unidos e do Reino Unido. Com 75% das cadeiras distribuídas nessa base, a nova lei do Mattarellum[11] prometia dar aos eleitores o controle direto sobre os representantes públicos em nível local. Mesmo assim, o Parlamento em exercício permaneceu sob o controle dos partidos estabelecidos e, mesmo após a renúncia do governo Amato em 21 de abril, a Câmara dos Deputados seguiu em modo de autopreservação. Em 29 de abril, a Câmara dos Deputados, que tinha mais da metade dos membros sob investigação judicial, votou para proteger Craxi da acusação. O editor do jornal *La Repubblica*, o principal jornal italiano, chamou este dia como o mais sombrio da história do pós-guerra: quando o líder do PSI apareceu em frente ao Hotel Raphael em Roma, foi confrontado com raiva por manifestantes que lhe atiraram moedas e gritaram: "Por que você não pega essas aí também?". A resposta de Craxi foi simplesmente acusar os rivais de hipocrisia – em décadas passadas, afinal, o PCI havia pegado dinheiro de Moscou. Mas a Primeira República também estava prestes a seguir o mesmo caminho dos Estados do bloco oriental.

---

naquele em que, dentro de uma circunscrição, o candidato que obtiver maioria simples, vence. Essa circunscrição pode ser o país, o estado ou um distrito eleitoral e o sistema se aplica tanto para o Poder Executivo quanto para o Legislativo. No Brasil, esse sistema já foi utilizado para escolher presidente, governadores e prefeitos antes da Constituição de 1988, mas hoje ele é utilizado em apenas dois casos: nas eleições para prefeito em municípios com menos de 200 mil eleitores e para o Senado, quando escolhemos um único senador – nas eleições que escolhemos dois senadores, trata-se do mesmo sistema em sua versão mais complexa.

[11] Assim chamado em homenagem a seu autor Sergio Mattarella, um democrata-cristão que mais tarde se juntou ao Partido Democrático e, a partir de janeiro de 2015, atuou como presidente da República.

Populismo televisionado

As eleições gerais de abril de 1992, realizadas poucas semanas depois da corrida de Mario Chiesa ao banheiro, chegaram muito cedo para serem decididas pelos resultados da operação Mãos Limpas. Os grandes perdedores foram, na verdade, os herdeiros do Partido Comunista, abalados tanto pela desintegração do PCI quanto por um triunfalismo liberal mais amplo em torno do fim da União Soviética. O primeiro sinal real da dinâmica política pós-Mãos Limpas veio com as eleições municipais realizadas em junho e novembro de 1993, em que, pela primeira vez, os italianos elegeram diretamente os seus prefeitos. Os democratas-cristãos foram derrotados em todos os lugares, obtendo apenas 12% dos votos diretos na capital; ali, o partido de maior influência era o pós-comunista PDS, que conquistou Roma e Nápoles, além de apoiar o candidato vencedor em Turim. No entanto, a notícia mais notável veio de Milão, onde a Lega Nord foi catapultada para a vitória e o MSI neofascista obteve significativo crescimento. Esse partido de extrema direita disputou o segundo turno tanto em Roma (onde obteve 47% dos votos) quanto em Nápoles, onde Alessandra Mussolini (neta do ditador Benito Mussolini) obteve 44% dos votos. Se as eleições puniram acima de tudo os partidos do antigo governo, as urnas do segundo turno também mostraram a disposição dos conservadores em reunir as forças até mesmo dos candidatos pós-fascistas para bloquear o PDS.

Esse processo também anunciou um realinhamento mais amplo da política italiana à direita. Na verdade, se o PDS alcançou grandes sucessos locais, o colapso dos democratas-cristãos igualmente abriu caminho para outras forças: não apenas aqueles que conduziram a Mãos Limpas, mas também aqueles que tentaram impedi-la. Isso ficou particularmente evidente na intervenção de um dos antigos aliados de Craxi, o bilionário e empresário de televisão Silvio Berlusconi. Associado há muito tempo sem necessariamente ser membro do PSI, sua aliança era, em vez disso, com a loja maçônica da Propaganda Due, uma irmandade que unia políticos tradicionais com chefes da máfia e terroristas de extrema direita. Investigado por suas ligações com o crime organizado – e diante de uma provável vitória do PDS nas próximas eleições gerais –, o magnata buscou para si uma imunidade um pouco parecida com a que Craxi havia conquistado por um breve período. Em 26 de janeiro de 1994, Berlusconi discursou na televisão anunciando que ele próprio iria "entrar em campo" na tentativa de salvar a Itália dos "comunistas". As eleições gerais convocadas para 27 e 28 de março representariam seu primeiro teste nas urnas.

O discurso televisionado que Berlusconi fez de seu escritório em 26 de janeiro de 1994 foi uma intervenção marcante no debate público – Antonio Gibelli estima que até o final daquela noite cerca de 26 milhões de italianos haviam assistido ao discurso, inteiro ou em partes.[12] Mas a decisão do empresário de entrar em campo – e, em particular, sua forma de apresentá-la – também marcou o início de uma nova era da política italiana, caracterizada pelo culto ao reticente herói popular. Em seu discurso, o bilionário se apresentou como um humilde filho da Itália que havia entrado a contragosto na vida pública, relutante como estava em viver "em um país iliberal governado por homens [os ex-comunistas] duplamente ligados a um passado econômica e politicamente falido".[13] Berlusconi fez extensa referência tanto à sua experiência empresarial quanto à sua inexperiência na vida pública, uma mensagem "antipolítica" reforçada pelo chamado às necessidades das *pessoas comuns*, em vez de um coeso *povo*. Berlusconi pediu o fim da política partidária, uma nova era em que a Itália seria governada por "homens completamente no-

[12] Antonio Gibelli, *26 gennaio 1994*. Bari: Laterza, 2019.

[13] "Berlusconi scende in campo – 1994", vídeo disponível em https://www.youtube.com/watch?v=3OlQ762Qh-A.

vos" – a sua seria uma "livre organização de eleitores" em vez de o "enésimo partido". Diante do "cartel das forças de esquerda" (consideradas "órfãs e nostálgicas do comunismo"), ele invocou um "polo das liberdades" que uniria a iniciativa privada e o "amor ao trabalho" aos valores da família católica italiana.[14]

Os tons mais folclóricos dessa mensagem alimentavam-se de uma perda popular de confiança nas elites institucionais. A mensagem de Berlusconi, entretanto, também pedia o fim da agitação criada pela operação Mãos Limpas, aqui codificada como um retorno à "calma". Ele retratou o PDS em termos de militância e desintegração, invocando os termos anticomunistas mais clássicos e acusando o partido de querer "levar o país para fulminantes protestos de rua, com gritaria, bagunça e novas condenações". Enquanto Berlusconi destacava os fracassos da "velha classe política", ele amenizava os detalhes de Propinópolis, limitando-a à trinca "crime, corrupção e drogas" e à alta dívida pública acumulada nos últimos anos. O problema, ao que parecia, não eram os efetivos partidos do governo, mas sim a "política como tal", da "esquerda" aos "profetas e salvadores" que os julgamentos trouxeram à tona. O que poderia, no entanto, "fazer o Estado funcionar" era um empresário de vasta experiência. Dado esse entusiasmo em colocar os valores corporativos na política, não foi surpresa que seus candidatos em 1994 fossem dominados por funcionários de suas empresas Fininvest e Publitalia.

Essa regeneração da direita teria sido impossível sem os laços políticos preexistentes de Berlusconi. Na verdade, seu poder de mídia, enraizado nas privatizações que começaram no final dos anos 1970, também se devia especificamente à sua associação com o corrupto primeiro-ministro socialista Craxi. Durante a Primeira República, a emissora pública RAI tinha o monopólio da televisão nacional, mas isso desmoronou na década de 1970

---

[14] *Ibid.*

com a concessão de licenças para emissoras presumivelmente "locais" como a Telemilano de Berlusconi, que, na verdade, já transmitia nacionalmente. Em 1983, seus canais já vendiam mais espaço publicitário do que a RAI, e, após uma contestação legal em 1984-1985, Craxi emitiu os chamados "decretos de Berlusconi" para encerrar formalmente o monopólio. Enquanto a RAI era governada pelas demandas do serviço público de radiodifusão, as emissoras do magnata serviam, em vez disso, uma dieta escapista, promovendo a soberania do consumidor e uma imagem bem-sucedida ao estilo Gordon Gekko. O glamour espalhafatoso promovido por programas de auditório do horário nobre e novelas estadunidenses estava aliado ao materialismo despreocupado do *game-show*. Alguns, como o comediante Beppe Grillo (expulso da RAI depois de atacar Craxi), se recusaram a aparecer nos canais do bilionário. Berlusconi, porém, lidava com uma plataforma com dezenas de milhões de telespectadores.

Nesse sentido, logo ficou claro que a ofensiva judicial contra os "partidos" havia pavimentado o caminho para forças poderosas e bem estruturadas ainda menos democráticas do que seus antecessores da Primeira República. O veículo Força Itália de Berlusconi – uma criação de seu império midiático em que ele selecionou candidatos pessoalmente – não tinha sede local, membros, congressos do partido ou eleições internas. Nas eleições gerais de 1994, ele também se aliou a outras forças radicais, da Lega Nord de Umberto Bossi ao MSI de Gianfranco Fini (agora renomeado Aliança Nacional, AN). Cada um desses partidos, como Berlusconi, se gabava de suas próprias credenciais como *outsiders* que se opunham ao legado político da Primeira República. No entanto, na verdade, eles simplesmente representavam distintas almas de uma mesma direita. Embora o discurso de Berlusconi na televisão tenha anunciado uma revolução ao estilo Thatcher na Itália ("liberal na política e liberal na economia"), isso contrastava com os tons mais paternalistas da AN e das pequenas forças centristas; a Lega Nord, baseada no coração da Resistência dos tempos da guerra, por sua vez recusou-se a aliar-se diretamente com os pós-fascistas.

A coalizão de Berlusconi logo assumiu a liderança nas pesquisas, destruindo qualquer esperança de que a operação Mãos Limpas pudesse ter pavimentado o caminho para a centro-esquerda chegar ao poder. O resultado das eleições de março de 1994 foi a destruição dos partidos que governavam a Itália desde a Segunda Guerra Mundial. As coalizões de direita formadas em torno da Força Itália coletaram cerca de 16,6 milhões de votos, e os candidatos de Berlusconi, Bossi e Fini obtiveram quase 43% dos votos. Isso foi um golpe para o PDS, cuja Aliança Progressista obteve apenas 13,3 milhões de votos (34%); os chefões sobreviventes da antiga DC, partido que fora o maior governante ininterrupto de 1944 a 1992, obtiveram o apoio de apenas 6,1 milhões de italianos, menos de 16% do total. Além da velocidade de avanço da nova direita, o resultado também foi evidente na redistribuição dos assentos. Realizada após o novo referendo eleitoral de abril de 1993 – com 75% das cadeiras atribuídas com base na maioria simples –, a disputa de março de 1994 fez da Lega o maior partido único na Câmara dos Deputados e deu a Berlusconi e seus aliados a maioria de cem cadeiras, mesmo que tenham permanecido um pouco abaixo no Senado.

Reabilitando a extrema direita

Um triunfo eleitoral tão rápido era impressionante para um homem que disse que "nunca quis entrar na política". Na verdade, essa declaração indicava não apenas o *status* de "forasteiro" de Berlusconi, mas também seu oportunismo ao entrar na arena pública. Desde o início de seu reinado, era óbvio que ele havia buscado altos cargos para se proteger de denúncias de fraude e extorsão, tanto explorando o caos político criado pela operação

Mãos Limpas quanto tentando se proteger dele. O projeto de lei Biondi de julho de 1994 – que nada mais era do que uma tentativa de acabar com a Mãos Limpas, rejeitada pela Lega (depois de alguns mal-entendidos) – foi o primeiro e fracassado exemplo da legislação *ad personam* que Berlusconi usou para proteger a si mesmo e a seus subordinados de qualquer acusação. Enquanto as seções locais, as eleições internas e os congressos dos antigos partidos haviam sido contaminados por conflitos de interesse, o Força Itália era abertamente uma rede de parceiros de negócios pessoalmente dependentes do império de Berlusconi. Ao mesmo tempo, enquanto o magnata se distanciava dos partidos de massa da Primeira República, ele também assumiu atitudes distintas em relação às duas forças que haviam sido excluídas de altos cargos: os comunistas e os neofascistas.

Quando Berlusconi anunciou o fim da Guerra Fria como o triunfo dos valores liberais, parecia apenas uma mudança para a direita, na verdade, um retorno a uma era anterior de anticomunismo. De fato, embora ele caracterizasse sua coalizão de direita como "liberal e cristã", qualquer um que se opusesse a ela era rotulado de "comunista". O neofascista MSI há muito afirmava que o Estado, as universidades e a televisão pública estavam tomados por comunistas; esse mesmo mito passou a ser usado por Berlusconi para difamar qualquer um que desafiasse seus interesses. Para o bilionário, o PDS, os magistrados e seus críticos do *The Economist* faziam parte do mesmo sistema "vermelho": ele rotulou essa verdadeira torneira liberal de *The Ecommunist*. Curiosamente, a dissolução do verdadeiro Partido Comunista permitiu que Berlusconi aplicasse esse rótulo de forma ainda mais indiscriminada. Em 2003, ele encenou uma sessão de fotos brandindo uma cópia de 50 anos do jornal *l'Unità* com a manchete "Stalin está morto", zombando das supostas simpatias "reais" de seus oponentes.

A rude reafirmação do anticomunismo de Berlusconi também foi a base para a reabilitação da extrema direita, os "pós-fascistas" que se juntaram em seu chamado Polo do Bom Governo. Como demonstrou a tentativa de 1960 de criar um governo democrata-cristão dependente do apoio parlamentar neofascista, o cordão sanitário contra o MSI nunca foi um produto direto da proibição do partido fascista, mas sim um resultado da mobilização da oposição. Na década de 1970, o MSI permaneceu como o quarto maior partido italiano, vencendo até 9% nas eleições nacionais; atrocidades como o ataque de 2 de agosto de 1980 à estação de Bolonha, que matou 85 pessoas, também ilustraram a ameaça violenta dos círculos de militantes neofascistas nas franjas do MSI. Na década de 1990, porém, com o desaparecimento da DC, os antigos *camerati* se mobilizaram para ocupar seus cargos. Em um congresso do partido em 1987, o líder do MSI, Gianfranco Fini, declarou-se um "fascista para os anos 2000"; na época das eleições de 1994, ele havia se tornado o autoproclamado líder "conservador" da nova Aliança Nacional (AN).

O vergonhoso colapso da DC, combinado com a falta de qualquer partido de massas de direita, apresentou o espaço no qual fascistas de longa data poderiam se reinventar como aliados tradicionais e conservadores do "liberalismo" da Força Itália. A AN de Fini buscou laços mais estreitos com os pequenos grupos que saíram da DC e entraram na coalizão de direita e adotou posições mais liberais, tanto no projeto europeu quanto na imigração (ambos agora aceitos, mas com ressalvas). Isso foi uma ruptura com a tradição do neofascista MSI, afinal, suas raízes na República de Salò durante a guerra e a luta de retaguarda de Mussolini contra a Resistência e o Exército dos Estados Unidos haviam imbuído o partido de uma hostilidade fundamental à Primeira República, e algumas correntes dentro dele, como a liderada por Pino Rauti, mantiveram uma posição "antissistêmica" contra a Otan e a integração europeia. Na década de 1990, entretanto, a AN evitou esse passado "militante" criando um partido socialmente conservador e pró-europeu, semelhante ao Partido Popular espanhol pós-Franco.

Com Berlusconi pronto para admitir que "Mussolini também fez coisas boas", os líderes do MSI puderam diluir sua obsessão pelo Duce sem ter de repudiar completamente suas raízes. O exemplo do ex-secretário da Frente Juvenil da MSI Gianni Alemanno, arquiteto-chave da nova centro-direita, é emblemático, já que, em 1986, o jovem fascista fora preso por tentar interromper uma cerimônia em Nettuno, durante a qual Ronald Reagan homenageou as tropas estadunidenses que caíram em solo italiano durante a Segunda Guerra Mundial. No entanto, quando foi eleito prefeito da capital em 2008, Alemanno ficou constrangido ao ver sua vitória saudada por saudações fascistas de *skinheads* do lado de fora da prefeitura. Ele respondeu com um aparente gesto de contrição, visitando a sinagoga de Roma, onde exaltou os valores "universais" da luta contra o nazismo. No entanto, essa também foi uma forma de retratar o elemento antifascista da guerra partidária como uma forma de sectarismo: Alemanno denunciou os "crimes cometidos por ambos os lados" na "guerra civil" entre os italianos.

Essa ofensiva relativista contra as normas antifascistas progrediu em uma era em que "política" havia se tornado um palavrão e em que a geração da Resistência era cada vez menos importante para a vida pública. As narrativas revisionistas da história do tempo de guerra na Itália sempre existiram, buscando colocar *partigiani* e fascistas em pé de igualdade, mas foi somente após a queda da Primeira República que esse pensamento se tornou parte do senso comum. Isso foi particularmente evidente no sucesso de obras como as "histórias" romanceadas escritas pelo jornalista Giampaolo Pansa. Sua série de trabalhos, começando na virada do milênio, invocou a "memória dos derrotados" – os silenciados e caluniados defensores de Salò – contra a mitologia com a qual a Primeira República havia se guarnecido.[15] De forma mais ampla, as narrativas revisionistas se concentraram no assassinato de cidadãos italianos por guerrilheiros iugoslavos conhecido como Massacres das Foibe.[16] O interesse nesse país vizinho não se estendeu aos números muito maiores de iugoslavos massacrados pelas tropas italianas. O objetivo era doméstico e político, na tentativa de minar as reivindicações dos antifascistas de uma posição moralmente superior e mais democrática.

Parecia que o colapso da velha ordem partidária havia reescrito repentinamente sua história de origem. De fato, essa ofensiva explorou especialmente o descrédito em que agora caíam os partidos da Resistência. Como disse Lucio Magri, do jornal *Il Manifesto*, após o escândalo da Propinópolis, a República democrática nascida em 1945 não estava mais banhada em heroísmo, mas condenada "a ser mera casa de subornos e de um regime partidário que exclui seus cidadãos". O maior partido da Resistência, o PCI, era lembrado apenas como "a quinta coluna de Moscou".[17] Essa narrativa foi retomada até mesmo por muitos que militaram por muito tempo em suas fileiras. Um exemplo foi Giorgio Napolitano, que se juntou ao PCI em dezembro de 1945 e abraçou a ortodoxia stalinista antes de se tornar um líder vital da ala *migliorista* (gradualista) mais moderada do partido. Na década de 1990, ele

---

[15] Ver meu obituário crítico de Pansa, "The Fascists' Historian", *Jacobin*, 14 de janeiro de 2020. Para um estudo de seu estilo polêmico e uso evasivo de afirmações sem fontes, ver Gino Candreva, "La Storiografia à la Carte di Giampaolo Pansa", *Zapruder*, junho de 2017.

[16] Os massacres de *foibe* foram eventos ocorridos em Trieste, região eslovena na Itália, durante os últimos anos da Segunda Guerra, em que milhares de italianos foram assassinados por membros da guerrilha comunista da Iugoslávia. *Foibe* faz referência à formação rochosa em que eram escondidos os corpos. (N.T.)

[17] Lucio Magri, *The Tailor of Ulm*. Londres: Verso Books, 2012, p. 45.

repudiou duramente o histórico do partido, que ele reformulou como um regime de mentiras incapaz de enfrentar sua criminalidade essencial. A partir de 2006, como presidente, Napolitano chegou a homenagear as vítimas dos guerrilheiros comunistas na *foibe* do Nordeste da Itália, incluindo fascistas conhecidos.

A Lega Nord

Alguns antifascistas permaneceram mobilizados, sem vontade de engolir as mais flagrantes representações errôneas dos valores fundadores da República. Isso foi visível já em 25 de abril de 1994, nas comemorações que marcaram o tradicional aniversário da libertação da Itália do regime nazifascista. Quando o líder da Lega, Umberto Bossi, tentou se juntar à marcha do Dia da Libertação em Milão, apenas quatro semanas depois de ter ajudado a eleger o governo mais de direita em décadas, foi rapidamente expulso pelos manifestantes. A Lega Nord não era ela própria de origem mussolinista: enraizada nas regiões do Norte, onde a Resistência era mais potente, pelo contrário, expressava uma hostilidade às vezes virulenta ao ex-MSI de Fini, recusando-se a selar qualquer aliança eleitoral direta com os pós-fascistas, mesmo quando ambos os partidos estavam unidos para a Força Itália de Berlusconi. O líder da Lega Nord mais tarde recebeu uma sentença de liberdade condicional após uma explosão, quando sugeriu que seus membros fossem "de porta em porta" e lidassem com os fascistas "como os *partigiani* fizeram". No entanto, a promessa inicial de Bossi de que "nunca" se juntaria a um governo que incluía pós-fascistas teve vida curta.

A capacidade de Bossi de mudar em uma questão tão profunda de identidade política aponta para o caráter altamente contraditório e oportunista do partido que ele criou, tão volátil quanto os tempos políticos em que ganhou destaque. Suas origens remontam ao final da década de 1970, quando, estimulados pela criação de governos regionais, novos partidos se formaram nas partes mais ricas da Itália para exigir mais fundos para suas regiões. Nas eleições gerais de 1987, Bossi foi eleito senador pela Lega Lombarda – força atuante nos arredores de Milão –, que, em 1989, se fundiu com grupos semelhantes surgidos em outras cinco regiões, unidos por uma agenda descentralizadora comum. Um avanço nas eleições locais de 1990 (nas quais a Lega ficou em segundo lugar na Lombardia) mostrou que ela era uma força a ser considerada, particularmente por sua capacidade de romper o binário de classes que tanto tinha feito para estruturar o sistema político da Primeira República. Em 1991, as várias ligas formaram um único partido, embora, em alguns contextos, também mantivessem seus nomes regionais.

As ligas haviam feito seus primeiros avanços em regiões que antes votavam lealmente na DC. A chave foi o primeiro avanço no Vêneto, uma região fortemente católica com peculiaridades culturais que há muito gozava de uma representação descomunal nos gabinetes da DC. Na década de 1950, essa região agrícola do Nordeste era tão pobre quanto o Sul da Itália e marcada por uma emigração igualmente alta,[18] mas sua rápida industrialização a transformou na parte mais rica da Itália nas décadas subsequentes. No entanto, enquanto o Vêneto corria à frente, a DC local liderada por Antonio Bisaglia foi acusada de canalizar os tributos da região para um estado central autoritário, fazendo com que as empresas locais pagassem por suas dádivas no Sul menos próspero. Enquanto Bisaglia brincava com a ideia de criar um partido independente semelhante à União Christlich-Soziale da Baviera, alguns quadros locais da DC foram mais longe, formando em 1979 a Liga Veneta regionalista. Construindo seu perfil ao longo da década de 1980, a Liga Ve-

---

[18] Ver Bruno Anastasia e Giuseppe Tattara, "Come mai il Veneto è diventato così ricco? Tempi, forme e ragioni dello sviluppo di una regione di successo". MPRA Paper 18458, 9 de novembro de 2009.

neta logo exploraria a crise da Primeira República, ficando em segundo lugar atrás da DC no Vêneto nas eleições gerais de 1992.

Na verdade, se o declínio da Primeira República apresentou um vácuo, algumas forças "forasteiras" captaram o clima da época melhor do que outras. Em um artigo perspicaz comentando sobre os avanços iniciais da Lega, Ilvo Diamanti destaca as capacidades desse partido enquanto um "empresário político", força que captura e mobiliza a desilusão com outro partido antes de usar essa base para conquistar uma hegemonia popular mais ampla.[19] Tanto a Liga Veneta quanto a Liga Lombarda de Bossi tiveram um sucesso particular em áreas por muito tempo capturadas pelos democratas-cristãos, mas onde a cola social fornecida pela Igreja Católica foi prejudicada pela secularização. Isso, no entanto, também correspondeu a uma mudança de abordagem da vida pública, menos definida por visões culturais unificadoras ou mesmo demandas materiais coletivas que por uma relação transacional entre o cidadão atomizado e o Estado. Essa mudança também teve uma base de classe particular – na verdade, as ligas no início eram fortemente baseadas entre os pequenos empresários (principalmente do sexo masculino) e seus funcionários, categorias nas quais a Lega ainda goza de um apoio relativamente alto. Mas, à medida que a Lega Nord se tornou uma força política mais reconhecida, seu apelo identitário tornou-se mais transversal – e sua demografia mais representativa das áreas onde está enraizada.[20]

Como sua ascensão coincidiu amplamente com o declínio da velha esquerda – permitindo-lhe ganhar as eleições mesmo nos históricos "centros vermelhos" –, a Lega Nord é com frequência erroneamente apresentada como um partido representante do

---

[19] Ilvo Diamanti, "La Lega, imprenditore politico della crisi. Origini, crescita e successo delle leghe autonomiste in Italia". *Meridiana*, n. 16, 1993, p. 99-133.

[20] *Ibid.*, p. 111.

"bem-estar chauvinista", ou seja, aquele que afirma que a redução no número de migrantes é necessária para proteger e estender o Estado de bem-estar social. No entanto, apesar de seus ataques aos gastos com migrantes, a Lega Nord foi, desde o início, também dominada pelo antiestatismo e pelo apelo a fortes cortes nos tributos. Em seu congresso de fundação em 1991, Bossi conectou explicitamente seu regionalismo ao descontentamento latente contra a Primeira República e sua chamada "elefantíase". A capacidade da Lega de transcender um eleitorado puramente de classe média devia não tanto à promessa de bem-estar quanto ao fato de que apresentava a corrupção como um problema caracteristicamente "sulista", do qual os nortistas de todas as classes poderiam ser libertados. Bossi disse a seus seguidores que não era surpresa que a revolta dos eleitores contra a Primeira República tivesse surgido "nas áreas da civilização industrial, onde a relação dos cidadãos com as instituições é mais crítica – embora virá também no Sul".[21] De fato, mesmo antes das revelações da Propinópolis, a Lega estava promovendo muito do que logo se tornou o senso comum sobre as instituições da Itália e, em particular, a necessidade de quebrar o poder da alta tributação, uma máquina estatal corrupta sobrecarregada pelo clientelismo.

O fim da Primeira República aumentou a importância do discurso "anticorrupção" de uma forma contraditória e limitada. Ao contrário da apresentação da Lega, tanto o caso do PSI de Milão quanto o comportamento de Bossi lançaram dúvidas sobre se os abusos poderiam ser identificados com precisão ao Sul. Na verdade, se o fim dos antigos partidos facilitou o caminho da Lega Nord para a proeminência, ela imediatamente passou a reivindicar os mesmos privilégios, mais os benefícios ilícitos, disponíveis para seus antecessores. Em março de 1993,

---

[21] Guido Vergani, "Il carroccio che travolge i partiti". *La Repubblica*, 9 de maio de 1990.

Bossi levou seus apoiadores a um tribunal de Milão para apertar a mão do promotor Antonio Di Pietro, parabenizando-o por seus movimentos contra o PDS pós-comunista local. No entanto, o próprio Bossi estaria na linha de fogo em poucos meses, quando um novo conjunto de audiências – o julgamento de Enimont – expôs os subornos que a gigante da química Montedison havia feito a figuras de todo o espectro político: Bettino Craxi, membros locais da DC e o líder da Lega. Comparecendo ao tribunal na virada de 1994, Bossi admitiu ter recebido dinheiro ilicitamente da empresa, mas insistiu que não havia fornecido nada em troca.

O fato de Bossi ter sobrevivido a esse contratempo forneceu uma indicação inicial de que o discurso "anticorrupção" em que a Lega Nord prosperou não era apenas sobre o tipo de delito que poderia ser testado nos tribunais. Em vez disso, seu partido usou esse termo como um ataque mais nebuloso – e convencionalmente de direita – à recompensa não merecida e à extravagância do Estado, como exemplificado pela invocação de regiões pobres do Sul sugando o produtivo Norte. Nesse sentido, o ataque à corrupção também adotou uma dimensão curiosamente racializada. No congresso de fundação da Lega em 1991, Bossi descreveu explicitamente o partido como "etno-nacionalista" e rotulou os sulistas – chamados pejorativamente de *terroni* – como vagabundos irresponsáveis identificados com árabes ou albaneses, em vez de europeus brancos.[22] Esse culto ao laborioso Norte era também casado com uma espécie de nacionalismo popular, embora limitado a regiões específicas. Esse partido da modernidade industrial adotou como logotipo a figura de espada em punho de Alberto da Giussano, um guerreiro mítico que supostamente

---

[22] Mattia Madonia, "Perché il sud sta votando in massa chi li chiamava terroni, ladri e fannulloni". *The Vision*, 31 de maio de 2019.

defendeu o *carroccio*[23] (um altar de guerra de quatro rodas) contra Frederico Barbarossa na Batalha de Legnano em 1176.

O choque fundacional com a Primeira República (e, de fato, com o PSI) assumiu um lugar duradouro no folclore da Lega – bem como o apelido do partido, o *carroccio*. O senso de enraizamento territorial da Lega está principalmente ligado a Pontida, vilarejo de 3 mil pessoas perto de Bérgamo, no coração da Lombardia. Foi lá que obtiveram um de seus primeiros sucessos nas eleições locais, durante os anos finais da Primeira República. Respondendo a esse avanço da Lega Nord, o líder do PSI, Bettino Craxi, fez uma visita à cidade em 3 de março de 1990, na qual tentou promover questões da Lega, reconhecendo a demanda popular por uma Itália mais federalizada. Os ativistas locais da Lega Nord, sem se impressionar, zombaram do ex-primeiro-ministro, e três semanas depois, Bossi e seus companheiros realizaram sua reunião de cúpula em Pontida. Depois de seus ganhos massivos nas eleições gerais de 1992, os fiéis da Lega se reuniram lá novamente para uma celebração de três dias. Isso abriu precedente para um festival de verão que continua até hoje, no qual multidões de ativistas da Lega, em sua maioria de cabelos brancos, se reúnem para consumir quantidades bastante repugnantes de carne e cerveja.

O retorno ritualizado a Pontida tipificou as raízes do partido no Norte provinciano da Itália. Ao contrário e para além da tendência geral das forças políticas na Itália nos anos 1990 e 2000 de substituir ramos territoriais por veículos de campanha na mídia, a Lega Nord construiu sua ascensão inicial em estruturas de quadros que lembram os velhos partidos de massa. Isso foi particularmente importante para garantir a presença visível de sua organização, mesmo em pequenas comunidades. Na verda-

---

[23] *Carroccio* é um carro militar de madeira que representava o símbolo de liberdade dos Comuns na Itália Medieval. (N.T.)

de, embora o partido tenha sido desde o início um recipiente de fundos dos grandes grupos industriais do Norte, a ascensão eleitoral da Lega Nord foi impulsionada não por populações urbanas ricas – como anunciado por alguns ex-marxistas que saudaram a libertação do Norte "dinâmico" do Sul "atrasado" da Itália –, mas, em vez disso, pelas pequenas cidades e áreas mais remotas que cercam essas mesmas cidades. Embora viesse a capturar os maiores governos regionais no Norte da Itália em 2010, a Lega nunca ocupou as prefeituras em grandes centros urbanos como Turim, Gênova, Veneza, Trieste, Bolonha ou Brescia. Se, em meio ao colapso da Primeira República, ela conseguiu, em 1993, obter Milão, a maior de todas as cidades do Norte, ela nunca mais ganhou as eleições lá; suas conquistas mais numerosas vieram em cidades de nível médio, como Verona e Pádua.

Os relatos dos membros da Lega sobre os motivos pelos quais se juntaram ao partido mostram tanto uma forte promoção de identidade, o sistema de valores que constrói uma comunidade, quanto a noção de estar em contato com a população, quando outros partidos se tornaram mais focados em campanhas na mídia. Em uma coletânea de depoimentos simpatizantes da Lega por Andrea Pannocchia e Susanna Ceccardi, uma jovem ativista explica: "Os outros nos olham espantados porque não têm ativismo como esse, feito por pessoas ativas no território, ocupando as sedes, fazendo rodas de conversas, realizando manifestações e organizando eventos".[24] Ou, como disse um ativista, uma "a Lega é uma escola de vida" que funciona por meio do ativismo.[25] Um advogado em Varese que dirige uma associação cultural ligada à Lega explica: "É um mundo de jovens, profissionais, empresários que talvez não queiram

---

[24] Andrea Pannocchia e Susanna Ceccardi, *Il Popolo di Salvini: La Lega Nord fra vecchia e nuova militanza*. Massa: Eclettica Edizioni,z 2016, p. 27.
[25] *Ibid.*, p. 21.

se dedicar diretamente à política, mas se interessam pela defesa da cultura e do meio ambiente de nossos territórios".[26] Esse é, sim, um "senso de comunidade, não apenas como entidade administrativa, mas também espiritual, um território em que a pessoa humana redescobre sua dimensão natural e retorna às relações baseadas no afeto e não no interesse".[27] A identidade *padana*, a islamofobia e a sensação de ser uma minoria vitimizada colorem fortemente os militantes com um senso de união, enquanto a esquerda é frequentemente considerada ausente das comunidades, ainda que seja culturalmente dominante.

Além dessa automitologia, a base ativista da Lega Nord, enraizada entre pequenos empresários e profissionais autônomos fora das cidades mais importantes, certamente tinha interesses materiais.[28] Isso se expressa tanto em um apelo por tributos baixos quanto na retirada do Estado central e na demanda para que suas regiões principais retenham mais de suas próprias receitas fiscais. Nesse sentido, a Lega Nord deu um toque especial à agenda mais ampla de privatizações e cortes de tributos por meio da coalizão Polo das Liberdades nas eleições gerais de 1994. Essa campanha, montada junto com Silvio Berlusconi, combinou uma mistura neoliberal clássica de apelo para reduzir o que o sociólogo Pierre Bourdieu rotulou de "mão esquerda" do Estado – bem-estar, investimento, serviços públicos – ao mesmo tempo que reforça sua "mão direita", de lei e ordem a subsídios para categorias específicas protegidas de negócios. Essa aliança do Polo das Liberdades, situada nas regiões do Norte, estava separada do chamado Polo do Bom Governo, que Berlusconi selou com a AN pós-fascista.

[26] *Ibid.*, p. 20.

[27] *Ibid.*, p. 15.

[28] Sobre a maquiagem do partido, ver Gianluca Passarelli e Dario Tuorto, *La Lega di Salvini: estrema destra di governo*. Bolonha: Il Mulino, 2018.

No entanto, havia semelhanças profundas, também: em cada caso, um anticomunismo identitário combinado com uma ofensiva geral contra a partidocracia e uma alegada "exterioridade".

A capacidade dessa agenda aparentemente populista e antipolítica de se estender além do identitarismo paroquial foi ilustrada de maneira mais impressionante pelas alianças que a Lega construiu. Isso foi evidente pela primeira vez na curiosa trajetória de Emma Bonino, defensora do Polo das Liberdades em 1994. Como uma liberal conhecida, ela passou a maior parte de sua carreira política no secularista Partido Radical, lutando por causas como o direito ao aborto e ao divórcio e a legalização da *cannabis*. Suas credenciais centristas eram tais que, em 2006-2008, ela se tornou ministra das Relações Exteriores em um governo liderado pelo Partido Democrático e, em 2018, líder do pequeno partido federalista europeu +Europa. Entretanto, em 1994, Bonino era uma independente na lista da Lega Nord, parte de uma aliança de direita mais ampla. Foi uma escolha excêntrica, mas também teve uma lógica clara, explicada por Bonino em entrevista ao jornal *Il Messaggero* durante a corrida eleitoral. Ela enfatizou que, embora houvesse diferenças substanciais de identidade política com o partido de extrema direita, sua política de livre mercado liberal compartilhava muito com o próprio apelo da Lega Nord para um emagrecimento do Estado italiano:

> Muitas coisas nos separam da Lega, mas também é verdade que outras coisas nos unem, a começar pelo [apoio ao] majoritário de turno único. Não é por acaso que [ela e seus camaradas do Radicale] promovemos com sucesso, junto com a Lega, a campanha por treze referendos antiestatistas e anticorporativistas [...] A grande maioria daqueles que se autodenominam progressistas, na verdade, encarna uma força pela preservação do poder dos partidos [...] [Nós e a Lega estamos unidos] pela batalha comum contra a política partidária e o desperdício de fundos públicos.

Na conjuntura volátil do início dos anos 1990, liberais e *leghisti* se uniram em nome de uma revolução thatcherista na Itália. Como Bonino mencionou, isso incluiu uma série de referendos copatrocinados pela Lega Nord e seu aparelho próprio, o Radicale, desde a privatização da emissora pública RAI até a proibição dos sindicatos de coletar diretamente as taxas dos salários dos trabalhadores. No entanto, se a campanha para acabar com a Primeira República foi impulsionada por atores que abrangiam divisões da esquerda e da direita, as alianças que surgiram em 1994 também estavam sujeitas a mudanças repentinas e radicais. Embora a coalizão de Berlusconi tivesse uma grande maioria na Câmara dos Deputados após sua eleição, ela não duraria nem um ano no governo. As relações logo ficaram tensas por revelações do conluio do magnata com a máfia siciliana e com a 'Ndranghetà da Calábria. De fato, quando surgiram notícias de que o magnata da mídia enfrentava novas investigações policiais sobre seus assuntos tributários, Bossi decidiu dividir a coalizão. Porém, havia também uma razão mais estritamente política por trás da divisão: o repúdio público de Berlusconi ao plano da Lega Nord de dar às regiões maior autonomia.

Bossi afirmou que, ao bloquear essa política de federalização, concretizada pelo congresso da Lega Nord em novembro de 1994, Berlusconi renegou seus compromissos pré-eleitorais com seus aliados. Ainda assim, em sua tentativa de deslocar a administração das mãos do magnata, Bossi também operou uma mudança radical por conta própria – aliou-se a figuras igualmente opostas à sua agenda autonomista do Norte. Seu colaborador mais próximo era o veterano do PCI Massimo d'Alema, uma figura importante no PDS, capaz de prometer os votos da centro-esquerda para um governo alternativo. O encontro dos dois homens em um endereço de Bossi pouco frequentado em Roma teria sido descaradamente chamado de "pacto das sardinhas" – uma alusão aos parcos petiscos que o líder da Lega Nord foi capaz de oferecer para seus convidados. Foi significativo, entretanto, já que Bossi concordou em retirar seu partido do Polo das Liberdades e se juntar ao PDS no apoio a uma administração alternativa liderada pelo ex-diretor-geral do Banco da Itália, Lamberto Dini. Esse governo "técnico" foi nomeado pelo presidente Eugenio Oscar Luigi Scalfaro em nome de orientar a Itália para novas eleições gerais, além da tarefa de "limpar as finanças públicas" – especialmente por meio de uma reforma para cortar as pensões do Estado.

Os defensores desse acordo para apoiar Dini caracterizaram-no como uma ruptura no "governo político", em vez da inauguração de uma administração capaz de impor reformas que se elevassem acima das divisões partidárias comuns. Acordo semelhante havia começado em abril de 1993, nos últimos meses da Primeira República, quando o ex-presidente do Banco Central da Itália, Carlo Azeglio Ciampi, foi nomeado chefe de governo no governo majoritário da DC, tornando-se a primeira administração republicana liderada por uma pessoa que não havia sido eleita antes como parlamentar. No sistema político italiano, nenhum primeiro-ministro é eleito diretamente. Na verdade, foi apenas com a ascensão de Berlusconi (e mais tarde, de Renzi) que esse cargo assumiu um papel vital na mídia eleitoral, mais parecido com um sistema presidencialista. Mas a novidade nos gabinetes técnicos presididos primeiro por Ciampi e depois por Dini é que além de apenas nomeados, nenhum deles contava com pessoal de fora da arena eleitoral, instalado em nome da correção das ineficiências da política democrática. Cada ministro no gabinete de Dini era um tecnocrata não eleito, e sua base no Parlamento não fazia referência às coalizões que se formaram nas eleições gerais de 1994.

O governo Dini também se destacou por ter sancionado um traço característico da Segunda República, também pautado pela mudança de posicionamento internacional da Itália. Esse gabinete de tecnocratas foi construído com base no consenso de que eram necessárias decisões para ajustar as finanças públicas italianas às condições da União Econômica e Monetária Europeia, mesmo que nenhum partido democraticamente eleito quisesse assumir a responsabilidade direta por sua implementação. Tanto para a Lega de extrema direita como para o ex-comunista PDS, a busca de certas políticas e, em particular, a necessidade dos chamados "orçamentos equilibrados", com níveis mínimos de dívida pública, estavam agora acima da concorrência democrática normal. O Força Itália também se absteve por votos de confiança durante o governo Dini, em vez de tentar bloquear seu trabalho. No período da crise econômica pós-2008, esses princípios se restabeleceriam no governo tecnocrático liderado pelo ex-conselheiro da Goldman Sachs, Mario Monti, entre 2011 e 2013, bem como na grande coalizão que se seguiu imediatamente.

Nada havia de incompatível entre essa lógica e o radicalismo de identidade da Lega, que de fato se endureceu no período de ruptura com Berlusconi. Poucos anos depois de sua fundação, a Lega Nord se tornou uma força-chave em um governo nacional, apoiando um magnata e um ex-banqueiro central para promover seu objetivo de enxugar o Estado italiano. Mas o pacto parlamentar com o PDS não resultou na dissolução total das divisões direita-esquerda. Quando as eleições gerais antecipadas foram realizadas em abril de 1996, a Lega Nord se viu fora dos dois grandes blocos eleitorais – e os resultados foram paradoxais. Embora a parcela geral de votos da Lega tenha subido dois pontos – para mais de 10% do eleitorado nacional –, ela foi esmagada pelo mesmo velho majoritário de turno único que alimentou seu crescimento inicial. Já em janeiro de 1995, o "pacto das sardinhas" de Bossi viu seu partido perder 40 de seus 118 deputados, que permaneceram leais ao Polo das Liberdades de Berlusconi. Com as eleições gerais de 1996, a Lega foi reduzida a apenas 59 cadeiras na Câmara dos Deputados.

A tentativa da Lega de lidar com esses contratempos foi definida menos por uma guinada à direita do que pela postura mais dura que adotou então em relação ao Estado central italiano. Depois de repudiar a aliança de centro-direita e Berlusconi, Bossi pressionou por uma mudança na imagem do partido, adotando uma agenda abertamente separatista. Quando a promessa de reformar o Estado italiano falhou, em 1997 Bossi rebatizou o partido de "Lega Nord pela Independência da Padânia", insistindo que este "país", que se estendia pelo Vale do Rio Pó, dos Alpes ao Adriático, deveria se afastar inteiramente do Sul. No entanto, se esse secessionismo marcou uma ruptura clara com os códigos típicos da política republicana, também havia elementos de continuidade com a agenda que a Lega Nord havia seguido ao apoiar Dini. Com a previsão de que a Itália não cumpriria os critérios de convergência para aderir ao euro em seu lançamento em 1999, Bossi insistiu que as regiões mais ricas do Norte não deveriam permitir que o Sul as arrastasse para baixo: uma nova e independente Padânia tomaria o seu lugar no concerto das nações europeias.

Algumas tensões surgiram entre a agenda pró-negócios da Lega Nord e seu nacionalismo popular: o secessionismo do partido de direita radical representou uma força nitidamente desestabilizadora na política italiana. No entanto, Bossi também tentou diversificar a imagem do partido e torná-lo mais parecido com a "nação" que ele tentou reunir. Esse foi o ímpeto por trás do Parlamento não oficial da Padânia, criado em 1997, que serviria como um trampolim para um novo Estado. Nessa causa, foi organizada uma série de partidos *potemkin*, desde os comunistas *padani* (entre cujos candidatos estava um certo Matteo Salvini), a uma lista alinhada com os Radicais de Bonino, ou os primeiros classificados, respectivamente chamados de Democratas Europeus – Trabalhistas e Liberais Democratas da Padânia. A Lega afirmou que cerca de 6 milhões de pessoas participaram dessa votação, muito além de sua própria contagem de 4 milhões nas eleições gerais de 1996. A instituição criada por essas eleições não tinha poderes efetivos. Entretanto, isso também abriu um precedente por meio do qual a Lega Nord usou referendos não oficiais para mobilizar sua base, um ensaio geral destinado a demonstrar que um Estado da Padânia poderia, ou mesmo iria, nascer em breve.

No governo, porém contra Roma

No entanto, o secessionismo da Lega trouxe grandes problemas estratégicos, até mesmo nas eleições para conselhos regionais – órgãos com uma ampla gama de poderes em saúde, educação e transporte, bem como uma importante plataforma de propaganda. E a Lega não tinha chance de garantir a maioria absoluta nesses conselhos sem a ajuda dos grandes partidos nacionais de centro-direita. Nas eleições gerais de 1996, o partido ficou isolado dos dois principais blocos políticos, e o sucesso do governo de centro-esquerda de Romano Prodi em trazer a Itália para o euro em 1999 também frustrou a possibilidade imaginária de a Padânia entrar sozinha na moeda única. A política de Bossi de simplificar o Estado e pressionar pela privatização agora prevalecia, mas sua posição a favor da independência era minoritária. Ele estava, portanto, preso entre sua capacidade de mobilizar uma minoria radical, inclusive no ativismo partidário, e sua necessidade de formar alianças maiores para vencer as disputas de maioria simples. Assim, apesar de toda a sua retórica sobre a impossibilidade de reformar o Estado italiano, nas eleições europeias de 1999 a Lega Nord voltou ao pacto com a Força Itália e os partidos menores de direita. Assim como a experiência de 1994-1996 havia destacado a necessidade de Berlusconi de manter a Lega ao lado, Bossi voltaria várias vezes, nos vinte anos seguintes, a pactos eleitorais com seu eterno inimigo-irmão.

Na era delimitada entre a guerra ao terrorismo e a crise financeira, o envolvimento da Lega Nord nos governos de Berlusconi de 2001-2006 e 2008-2011 começaria sua conversão em uma força mais convencionalmente de extrema direita, na verdade, o aliado mais forte do magnata dentro da coalizão de centro-direita. Além da ligação Bossi-Berlusconi, também havia áreas específicas de acordo entre os pós-fascistas e a Lega. Tendo pelo menos silenciado seu compromisso de destruir o Estado italiano, no final do milênio, o partido chauvinista do Norte embarcou cada vez mais na campanha contra a imigração. Em 2001, Bossi acertou os ponteiros com Gianfranco Fini da AN para coescrever um projeto de lei que expandiu maciçamente o aparelho de detenção e expulsão de migrantes. Ao mesmo tempo, em um esforço para manter uma sucedânea "exterioridade", Bossi cada vez mais recorria a táticas de comunicação chocantes, por exemplo, em seus comentários de que a Marinha deveria atirar em barcos de refugiados que chegassem. Esse identitarismo severo – expresso na forma de vitimização – também foi exibido em pôsteres eleitorais retratando um nativo americano com o seguinte *slogan*: "Eles não controlavam a imigração, agora vivem em reservas!".

A divergência tonal da Lega Nord em relação aos códigos das instituições republicanas era incongruente com sua presença efetiva no governo. Apegada à sua própria identidade territorial, a base ativista de Bossi não estava ligada a Berlusconi ou mesmo aos oficiais da Lega Nord servindo no "governo de Roma", como o ministro do Interior, Roberto Maroni. Eles poderiam, pelo menos, contentar-se com a ideia de que o partido representava uma oposição regionalista dentro das fileiras do governo. Esse equilíbrio entre compromissos da Padânia e da Itália foi demonstrado de forma mais teatral por Luca Zaia da Lega Nord, ministro da Agricultura de 2008 a 2010, que liderou protestos fora de seu próprio Ministério para pedir mais fundos para sua região de origem. Sua insistência em mais dinheiro para o rico Vêneto não faria muito sentido para um político genuinamente nacional. No entanto, essas palhaçadas bizarras também se encaixavam nos planos do ministro da Lega para o que aconteceria a seguir, servindo como uma espécie de preliminar para sua campanha para se tornar presidente da região. Embora a Lega Nord não tivesse chance de assegurar o governo regional se estivesse fora da aliança de centro-direita, o pacto com Berlusconi permitiu que ela conquistasse o Vêneto pela primeira vez em 2010, assim como o Piemonte, em torno de Turim.

Em comparação com os ministros da Força Itália escolhidos entre os associados pessoais de Berlusconi, Zaia e seus colegas estavam muito mais ligados à política de suas regiões de origem e sua responsabilidade para com os ativistas do partido. Isso se deveu não só à identidade regionalista da Lega, mas também ao fato de sua organização se basear em uma massa de ramos territoriais. Essa responsabilidade para com os quadros locais – cujas fontes de financiamento e peso institucional também aumentaram com avanços nas eleições regionais e municipais – contrastou com a forma organizacional "leve" introduzida por Berlusconi, em que os cargos e a influência permaneceram sob o rígido controle do proprietário do partido. Apesar da volatilidade geral da Segunda República, na qual meios eleitorais como o Força Itália eliminaram as estruturas "densas" dos partidos de massa, a Lega Nord de Bossi construiu um modelo organizacional mais semelhante aos dos anos 1980, às vezes até chamado de "modelo leninista". Reunida em uma força que surgiu em oposição à Primeira República, a Lega Nord, no entanto, levou adiante alguns dos pressupostos da era anterior de compromisso político. Na verdade, já na época das eleições gerais de 1996, a Lega Nord era o partido mais antigo representado no Parlamento italiano.

Se a década de 1990 viu reivindicações generalizadas sobre a morte dos partidos de massa – exemplificada pelo colapso mais amplo da Primeira República –, a história da Lega Nord destaca os méritos desse modelo mais arraigado, permitindo ao partido sofrer derrotas ainda mais severas. O número de membros em massa – que chegou a 112 mil em 1992 – foi uma contratendência impressionante, especialmente considerando que não se podia simplesmente inscrever-se como membro da Lega; em vez disso, a adesão deveria ser obtida por meio do ativismo e do comparecimento às reuniões. Esse profundo senso de compromisso partidário constante, combinado com a identidade regionalista de que se gabava a Lega sob a liderança de Bossi, tornava-a completamente diferente das máquinas de mídia com as quais se chocava em todas as eleições. Como destacou uma pesquisa recente[29] sobre as estruturas associativas da Lega, suas raízes territoriais são mantidas não apenas por meio de práticas como sedes partidárias (uma forma de manter contato direto com as populações locais), mas também por reuniões periódicas de membros com governantes eleitos, além de organizações paralelas e voluntárias que representam grupos como mulheres e jovens.

Como veremos adiante, a Lega de hoje está menos enraizada em ramos locais, ou mesmo na identidade da Padânia, do que estava sob a liderança de Bossi. Desde 2011, não muito antes de Bossi ser afastado do cargo, na virada eleitoral de Salvini em 2018, o número de seções territoriais do partido diminuiu de fato em mais de dois terços, de 1.451 para 437.[30] E, mesmo nos períodos incertos da Segunda República, essas estruturas mais profundas tornaram a Lega Nord muito mais resistente do que seus rivais, provando-se capaz de se renovar várias vezes, apesar dos reveses eleitorais que se seguiram a cada período de governo. O partido não só pegou a onda ideológica da Propinópolis, com sua revolta contra o sistema partidário corrupto de

---

[29] Daniele Albertazzi, "Going, Going... Not Quite Gone Yet? Bossi's Lega and the Survival of the Mass Party". *Contemporary Italian Politics*, v. 8, n. 2, 2016, p. 115130.

[30] Gianluca Passarelli e Dario Tuorto, *La Lega di Salvini: estrema destra di governo*. Bolonha: Il Mulino, 2018, p. 45.

Roma, mas também, paradoxalmente, criou um veículo muito mais parecido com os partidos de massa que a Mãos Limpas havia destruído. Isso lançou as bases políticas e organizacionais para a conquista das pequenas cidades do Norte da Itália pela Lega, um alicerce que sobreviveu até mesmo à queda de Bossi.

A revolução devora seus filhos

Como vimos, a liderança de Bossi na Lega Nord foi moldada pela tensão entre suas ambições regionalistas e nacionais. Ao longo de seu período de escrutínio, e especialmente após o primeiro período do partido no cargo nacional em 1994, Bossi procurou se apresentar como uma figura "fiadora" que protegeria os interesses dos membros contra qualquer efeito corruptor que o serviço no governo de Roma pudesse ter em ministros. A ascensão de uma camada de ministros da Lega Nord, parlamentares e representantes europeus ou locais criou o que alguns ativistas ridicularizaram como "o partido dos carros azuis", presumivelmente focado em manter suas próprias vantagens. Do topo da máquina organizacional, Bossi poderia, pelo menos em parte, escapar de tal acusação. Seu único papel ministerial nos governos de Berlusconi ("Ministro da Devolução") era puramente propagandístico, permitindo-lhe manter um pé fora do Estado italiano central e reivindicar a representação direta da base da Lega Nord, em vez do governo como um todo. Como diziam os seus cartazes eleitorais: "Mais longe de Roma, mais perto de ti".

Embora a postura anticorrupção da Lega logo tenha levado à retirada e ao colapso do primeiro governo Berlusconi, as alianças dos anos 2000 foram mais governadas por uma divisão tácita de controle.[31] Aqui, o partido de Bossi teve permissão

---

[31] Essa relação é discutida de maneira interessante por Jonathan Hopkin em "New Parties in Government in Italy: Comparing Lega

para liderar a aliança mais ampla de centro-direita em seu coração em troca de apoiar uma legislação nacional que protegesse os interesses de Berlusconi. Se, em 1994, a Lega retirou seu apoio ao projeto de lei Biondi em face da pressão da opinião pública, durante os períodos subsequentes de Berlusconi no cargo (2001-2006 e depois 2008-2011), em vez disso, deu seu apoio à legislação *ad personam* do magnata bilionário. Isso incluiu apoiar o infame projeto de lei Gasparri, que protegia o império midiático de Berlusconi, ou medidas conhecidas como Lodo Schifani e Lodo Alfano, para proteger os ministros da investigação policial. Quando o Tribunal Constitucional ameaçou bloquear este último projeto, Bossi disse que estava pronto para "liderar o povo nas armas" para "defender a democracia".[32]

As contradições na agenda anticorrupção da Lega não se limitavam a seus vínculos com Berlusconi, ao contrário, estavam refletidas em suas próprias estruturas internas. Já nos anos de Mãos Limpas, Bossi aparecera em um disfarce duplo, aplaudindo os magistrados antes de ser ele próprio levado ao banco dos réus. Mas, embora a admissão de Bossi de financiamento ilícito pelo grupo industrial Montedison o tenha feito escapar em liberdade condicional – poupando a Lega de qualquer precipitação política imediata –, seu próprio controle opaco tornou os fundos do partido cada vez mais inescrutáveis. Quando Bossi sofreu um derrame em 2004 (forçando-o a perder a manifestação anual em Pontida), ele optou por não iniciar um processo de sucessão, mas sim centralizar sua autoridade contra possíveis líderes rivais. O "círculo mágico" de *insiders* organizado por sua esposa excluiu até pessoas como o ministro do Interior Maroni e começou a tratar o partido e suas finanças como propriedade da família. Embora Bossi afirmasse ter

---

Nord and Forza Italia". ECPR Joint Sessions, abril de 2004.

[32] "Bossi: 'Pronti a trascinare il popolo'". *Corriere della Sera*, 7 de outubro de 2009.

um papel executivo na Lega, permitindo-lhe disciplinar os ministros em Roma, na realidade ele era irresponsável com a base.

O fim do último governo de Berlusconi no outono de 2011, que mais uma vez empurrou a Lega para a oposição, foi logo seguido pela explosão final dessa estrutura. Em 8 de janeiro de 2012, o jornal *Il Secolo* XIX deu a notícia de que o tesoureiro da Lega Nord, Francesco Belsito, apontado por Bossi, havia retirado ilegalmente fundos estatais de Chipre e da Tanzânia, usando o dinheiro para prestar favores pessoais aos camaradas do "círculo mágico". Três dias depois, o escândalo agravou-se quando Bossi votou para proteger da acusação Nicola Cosentino, um deputado do partido de Berlusconi que havia sido preso por supostas ligações com a máfia de Nápoles. A combinação de impropriedade interna e apoio a Berlusconi acabou provocando uma revolta na base da Lega Nord, que convidou Maroni a tomar medidas para recuperar o partido. Bossi partiu para a contraofensiva, cancelando todas as reuniões públicas envolvendo o ex-ministro do Interior. Nove dias depois, um protesto contra o governo centrista de Mario Monti se tornou o cenário de um confronto aberto entre os seguidores desses líderes rivais da Lega.

As revelações sobre as práticas financeiras duvidosas da Lega Nord seguiram de perto e rapidamente, destacando as redes de corrupção e laços com o crime organizado que se acumularam sob a liderança de Bossi. Na verdade, foi um caso que lembrou fortemente aqueles que haviam derrubado os partidos da Primeira República. O próprio governo regional na Lombardia – um coração importante da Lega Nord – foi investigado por ligações com a 'Ndranghetà, a máfia da Calábria, e, no início de abril, a crise de liderança se tornou incontrolável. Conforme os promotores se aproximavam, Bossi foi forçado a abandonar o cargo que ocupou por mais de duas décadas. Entre uma série de renúncias, Maroni tornou-se o novo secretário do partido, prometendo uma operação de limpeza nas fileiras da Lega Nord e uma tentativa de assumir os mesmos poderes de Bossi, mantendo ao mesmo tempo sua estrutura hierárquica. No entanto, foi um jovem quadro com o afeto de ambos – Matteo Salvini – que assumiu a liderança da Lega Lombarda, prometendo se livrar das figuras que arrastaram seu nome para a lama.

Esse não foi o fim da crise da Lega Nord. Pelo contrário, nas eleições gerais de fevereiro de 2013, o partido alcançou uma nova baixa. Mesmo em face do impopular governo tecnocrático de Mario Monti, apoiado tanto pelo Partido Democrático quanto pela Força Itália, a Lega foi incapaz de desviar a atenção de seus próprios problemas internos. Tendo perdido dois terços de seus membros desde 2010, obtiveram apenas 4,3% dos votos, ou metade de sua pontuação de 2008. Esse foi, em termos políticos, um nadir histórico. Em 2001, a Lega Nord havia perdido ainda mais votos depois de sua série de reviravoltas na questão da independência. No entanto, foram salvos pelo contexto mais amplo do avanço da direita, permitindo-lhes novamente desempenhar um papel de fiel da balança na formação do subsequente governo de centro-direita. A derrota de 2013 não ofereceu tal consolo, já que a Lega caiu na quase irrelevância, enquanto o M5S disparou para o primeiro lugar. A mensagem de que "os políticos em Roma" eram todos iguais agora estava sendo defendida por uma força mais nova – e dirigida contra a própria Lega.

Duas décadas após a tentativa do corrupto Mario Chiesa do PSI de dar descarga em seu pagamento, as forças que haviam desmantelado a Primeira República estavam sendo devoradas por sua própria revolução. As acusações também atingiram Antonio di Pietro, protagonista da Mãos Limpas e líder do pequeno partido de centro-esquerda Itália dos Valores. Em 28 de outubro de 2012, ele foi alvo do "Relatório" da RAI, um programa investigativo e de atualidades que surgiu durante a onda de populismo judicial. Di Pietro foi acusado de manter 50 milhões de euros em gastos eleitorais sob o controle de sua própria família enquanto construía um império imobiliário que supostamente incluía 56 propriedades. Diante de editoriais escandalizados, Di Pietro negou veementemente as acusações de impropriedade e até entrou com uma ação de difamação bem-sucedida contra os produtores. Mas, como ele disse imediatamente após a propagação das acusações, o Itália dos Valores havia "morrido na reportagem da noite de domingo". A nova era da vida pública italiana personalizou tudo – e para alguém que afirmava estar sozinho no combate à corrupção, era uma morte política ter suas *mãos limpas* manchadas.

O Itália dos Valores foi, de fato, destruído: mesmo depois de remover Di Pietro, perdeu todos os seus assentos nas eleições gerais de fevereiro de 2013. Os reveses para a Lega Nord não foram tão graves, pois o partido pelo menos manteve a sua fortaleza do Norte, sobrevivendo assim à saída do seu líder fundador. Após a eleição, o sucessor de Bossi, Maroni, deixou a frente da política nacional para se concentrar em seu papel como presidente da região da Lombardia. Com os partidários da Lega agora podendo contar com apenas um em cada 25 eleitores nacionalmente, a disputa para sucedê-lo pode parecer mais uma nota de rodapé. No entanto, a vitória de Matteo Salvini nas urnas internas – batendo o infeliz Bossi por uma margem de mais de quatro a um – seria decisiva no tumulto que se seguiu. Em agosto de 2013, Berlusconi foi finalmente condenado por fraude, sem direito a recursos. Enquanto o fundador da Lega havia queimado seu capital político, o magnata bilionário foi formalmente proibido de ocupar cargos públicos. Subindo ao leme da Lega enquanto os homens que construíram a Segunda República chegavam à ruína, Salvini prometeu uma nova revolução à direita, digna de uma nova era na política italiana.

2. "Diga algo de esquerda!"

O enfraquecimento dos laços entre eleitores, partidos e instituições não é apenas um fenômeno italiano. Cientistas políticos como Peter Mair têm discutido o declínio histórico dos partidos de massa no Ocidente nas últimas décadas.[33] Surgidos no início do século XX, esses partidos tinham suas bases na atividade associativa local e em uma comunidade militante comprometida, em contraste com as demais facções parlamentares de elite típicas do século XIX. No entanto, as suas "densas" estruturas democráticas, ligadas ao ativismo cotidiano de seus quadros e militantes, têm dado cada vez mais lugar aos partidos de "cartéis" tecnocráticos, que assentam o seu poder no controle dos recursos institucionais e de operações de marketing profissional. Isso norteou o processo conhecido como "pasokificação", no qual partidos que deixaram suas raízes sociais murcharem ao longo de décadas foram vítimas de repentinos cancelamentos eleitorais. O fenômeno leva o nome do Pasok grego, cujo papel em uma série de governos de austeridade e de grandes coalizões levou seu apoio a despencar de 44% em 2009 para menos de 5% em 2015; no período de crise, seu mal-estar se estendeu também a partidos históricos como o Partido Socialista Francês e, um pouco mais gradualmente, o Partido Social-Democrata Alemão. No entanto, já no início da década de 1990, a queda da Primeira República Italiana forneceu evidências de como a política se parece quando os partidos de massa são retirados de cena.

---

[33] Peter Mair, *Ruling the Void: The Hollowing of Western Democracy*. Londres: Verso Books, 2013.

O resultado no "laboratório" italiano não foi a criação de novos partidos estáveis no lugar dos antigos, mas sim o de alimentar um clima de volatilidade cada vez mais exasperada, enquanto identidades políticas residuais e herdadas também estão se desintegrando. O distanciamento popular dos partidos estabelecidos ou a raiva contra as elites egoístas não levam necessariamente a resultados positivos em termos de engajamento democrático. Esses sentimentos podem lançar mão de um clima de desesperança e desamparo e radicalizá-los, ou podem alimentar a sensação de que, já que todos os políticos são ladrões, não haveria escolha entre eles e, portanto, não haveria sentido em participar do processo democrático. No caso italiano, a crença de que a política nada pode fazer pelos cidadãos comuns tem, de fato, alimentado um aumento histórico da abstenção eleitoral. Enquanto as campanhas eleitorais polarizadas da década de 1970, no auge do Partido Comunista Italiano de Enrico Berlinguer, tiveram uma participação bem superior a 90%, hoje esse número caiu quase um terço. A legalidade que derrubou a Primeira República não criou mais responsabilidades, mas um campo político cada vez mais personalizado e volátil. Como reconheceu o ex-magistrado Antonio di Pietro em 2017, depois do desaparecimento do seu partido Itália dos Valores: "A Mãos Limpas produziu um vazio, a partir do qual surgiram os partidos personalizados, a começar pelo meu. Porém, esses são partidos que duram uma manhã, algo de que, de novo, sou a prova viva".

A destruição dos partidos de massa, associada ao aumento de "estrelas" políticas com sua base na mídia e na indústria do entretenimento, reduziu drasticamente o espaço de representação popular. Os italianos que mais perderam economicamente nas últimas três décadas se parecem muito com aqueles que costumavam votar em partidos de esquerda, as chamadas classes populares, uma categoria que inclui grupos como a classe trabalhadora, pequenos comerciantes e desempregados. Esses grupos, desde a década de 1990, experimentaram um colapso histórico em seus padrões de vida, suportando o impacto da austeridade e da queda do investimento público à medida que a economia estagnava. Mas eles não apenas perderam os laços com a esquerda institucional; em geral, são menos ativos politicamente. Como vimos no Capítulo 1, os partidos com raízes territoriais não abandonaram completamente a cena. Apesar de seu modelo centrado no líder, que até conseguiu sobreviver à saída de seu chefe original, a Lega é um bom exemplo do poder da política ativista enraizada em estruturas territoriais. Contudo, as classes populares hoje carecem de formas distintas de representação; elas não estão mais unidas em estruturas partidárias ou sindicais nem são mobilizadas em torno de interesses econômicos comuns. Como veremos, não apenas seus antigos partidos desapareceram, mas todo o seu campo de ação política empobreceu.

O sentimento de que o "povo de esquerda" perdeu sua voz política é notoriamente simbolizado por uma cena em *Aprile*, uma comédia de 1998 dirigida e estrelada por Nanni Moretti. Como grande parte do trabalho do famoso diretor, *Aprile* fornece uma interpretação irônica da posição de Moretti como um ex-comunista privado de seu lar político, em uma era de ascensão de Berlusconi. A cena mais icônica do filme centra-se em um debate televisionado da eleição geral de 1994, no qual o magnata bilionário é confrontado pelo líder do Partido Democrático de Esquerda Massimo D'Alema. Ou melhor, não confrontado. Porque enquanto Berlusconi vocifera contra os supostos magistrados "comunistas", D'Alema permanece passivamente em silêncio, levando o personagem de Moretti a gritar em direção à TV: "Diga algo de esquerda! Qualquer coisa! Diga até algo que não seja de esquerda, mas com apenas um pouco de civilidade!".

Ironicamente, essa citação entraria na memória coletiva resumida apenas nas primeiras quatro palavras – como uma acusação contra aqueles que entraram na política como comunistas, mas depois se renomearam como qualquer coisa menos isso. D'Alema personificou esse fenômeno: ele é zombeteiramente apelidado de "Il Lider Maximo" por sua mistura de arrogância abrasiva, reverência ao líder histórico do PCI, Palmiro Togliatti, e tentativa de se apresentar como um centrista moderado. De fato, quando seu partido, o PDS, finalmente entrou no governo em 1996, junto com seus aliados de centro-esquerda, certamente não foi o triunfo da tentativa do PCI de mudar as instituições da República por dentro. Em vez disso, constituiu um precedente pelo qual a centro-esquerda se reafirmou como força da modernização neoliberal da Itália, representando também competência e sobriedade perante os perigos da direita populista. Na verdade, o apelo de Moretti para se concentrar na "civilidade" se tornaria senso comum, mas "dizer algo de esquerda", não. O PDS e seus sucessores foram, ao contrário, decisivos na privatização em massa dos bens públicos e na subtração dos direitos trabalhistas herdados da Primeira República, ainda que se pintasse nas aquarelas do progressismo ao abraçar o europeísmo e um apanhado de medidas de direitos civis. Depois de se tornar primeiro-ministro no final de 1998, D'Alema, no entanto, foi ainda mais longe ao repudiar seu passado comunista, juntando-se à ofensiva da Otan contra a Iugoslávia em nome da intervenção humanitária.

Tabela 2.1. O DUPLO COLAPSO DO ELEITORADO DE ESQUERDA

Resultados das eleições gerais para os partidos de esquerda e centro-esquerda, 1979-2018

Ano	Votos por partido			Total
1979	11.139.231 (PCI)	3.630.052 (PSI)	796.709 (Outros)	15.566.052
1983	11.032.318 (PCI)	4.223.362 (PSI)	542.039 (DP)	15.797.791
1987	10.250.644 (PCI)	5.501.696 (PSI)	641.901 (DP)	16.394.241
1992	6.321.084 (PDS)	5.343.930 (PSI)	2.204.641 (PRC)	13.869.655
1994	7.881.646 (PDS)	2.343.946 (PRC)	849.429 (PSI)	11.075.021
1996	7.894.118 (PDS)	-	3.213.748 (PRC)	11.107.866
2001	6.151.154 (DS)	1.868.659 (PRC)	620.859 (pdCI)	8.640.672
2006	11.930.983 (UU)	2.229.464 (PRC)	884.127 (pdCI)	15.044.574
2008	12.095.306 (PD)	1.124.298 (La Sinistra – Arcobaleno)	-	13.219.604

2013	8.646.034 (PD)	1.089.231 (SEL)	765.189 (RC)	10.500.454
2018	6.161.896 (PD)	1.114.799 (LeU)	372.179 (PaP)	7.648.874

Notas: PCI = Partido Comunista Italiano; PSI = Partido Socialista Italiano; DP = Democracia Proletária; PDS = Partido Democrático de Esquerda; PRC = Partido da Refundação Comunista; PdCI = Partido dos Comunistas Italianos; PD = Partido Democrático; SEL = Esquerda Ecologia e Liberdade; RC = Revolução Cívica; LeU = Livres e Iguais; PaP = Poder ao Povo. Fonte: Dados do Ministério do Interior.

A ruptura com o PCI deu-se em nome da renovação: ao pôr fim ao nome comunista em 1991, os dirigentes do PDS afirmavam dar continuidade ao anterior afastamento do partido-mãe do modelo soviético e ao "socialismo europeu" encarnado por forças como o SPD alemão, que mistura social-democracia com europeísmo liberal. Isso também estava ligado a uma certa visão da morte da política de classe, segundo a qual as camadas emergentes de classe média se identificavam menos com interesses coletivos ou materiais do que os antigos centros industriais do PCI, e buscavam, em vez disso, uma representação de seus valores culturais progressistas. Ainda assim, embora sua base anterior tenha certamente se fragmentado, as escolhas subjetivas dos líderes do PDS reificaram essa mudança, saltando para algo menos parecido com a ala reformista do movimento trabalhista e mais parecido com o liberalismo dos Estados Unidos. Por muito tempo, o PCI trabalhou sob o manto de uma meta socialista que seus líderes não esperavam alcançar; agora, com o colapso de seus rivais históricos, eles poderiam finalmente organizar uma mudança total de identidade política. Com Berlusconi e seus aliados de extrema direita servindo como o inimigo ideal contra o qual se unir, ex-membros do PCI se juntaram aos órfãos centristas dos democratas-cristãos em um novo bloco de centro-esquerda.

O PCI e o PSI eram as principais forças do movimento operário na Primeira República. O PCI se transformou em PDS em 1991 com a divisão de algumas frações para formar o Partido da Refundação Comunista (PRC), que se tornou DS em 1998, enquanto o PSI entrou em colapso em 1992-1993 devido às revelações de seu profundo envolvimento em Propinópolis. Outros partidos mencionados na Tabela 2.1 incluem o partido de extrema esquerda Democracia Proletária (DP), que se juntou ao PRC, e o Partido dos Comunistas Italianos (KdCI), um grupo formado após uma cisão no PRC em 1998.

Tabela 2.2 REPARTIÇÃO SOCIOPROFISSIONAL DA VOTAÇÃO, 2018 (PRINCIPAIS PARTIDOS)

Distribuição sociopro-fissional de eleitores (porcenta-gem)	Partido político (porcentagem de votos para Câmara dos Deputados)					
	LeU (3%)	Demo-cratas + aliados (23%)	Força Itália (14%)	Lega (Nord) (17%)	Irmãos da Itália (4%)	M5S (33%)
Desemprega-dos	3	11	14	12	1	57
Trabalhado-res braçais	3	10	12	20	2	43
Estudantes	5	24	12	15	2	36
Aposentados	2	40	18	15	6	38

Comerciantes/Pequenos empresários/Artesãos	2	13	13	29	2	35
Donas de casa	2	13	19	24	5	35
Profissionais liberais	5	22	11	15	4	27
Técnicos/Assalariados/Gerentes	5	22	10	16	7	33
Outros	2	16	12	13	1	43

Fonte: Adaptado de Ilvo Diamanti et al., *Divergenze parallele*. Bari: Laterza, 2018.

O desenvolvimento de uma nova aliança de centro-esquerda foi encorajado pela lei eleitoral majoritária introduzida em 1993, projetada para criar um sistema binário de forças de centro-esquerda e centro-direita no modelo dos Estados Unidos. O PDS apoiou fortemente esse movimento, o que também minou a vitalidade das forças à sua esquerda, que eram continuamente chantageadas para apoiar a centro-esquerda por temer que a divisão dos votos ajudasse Berlusconi. Nas eleições gerais de 1996, a coalizão de centro-esquerda L'Ulivo, liderada pelo ex--DC Romano Prodi, ficou em primeiro lugar, com 42% dos votos na Câmara dos Deputados: seu maior elemento individual foi o PDS (21%), que representa metade da pontuação total da centro-esquerda. O PDS não representou um polo de esquerda distinto dentro do L'Ulivo, mas antes usou essa coalizão como seu próprio caminho para uma agenda mais abertamente liberal, como um agente de "liberalização" econômica destacado de sua base anterior. Sob essa luz, o Partido Democrático de Esquerda tornou-se Democratas de Esquerda (DS). Em 2006, o DS fazia parte da lista do Unidos nell'Ulivo (UU), junto com os democratas-cristãos e liberais; no ano seguinte, essas forças conjuntas formaram o Partido Democrático (PD), abertamente inspirado pela ala de Clinton do Partido Democrata nos Estados Unidos.

Essa virada liberal foi, ao mesmo tempo, uma ruptura com os modelos partidários de massa anteriores, que alcançaram seu apogeu no início dos anos 2010 sob a liderança hiperpersonalizada de Matteo Renzi. Herdando a maioria das centenas de sedes locais do PCI, a coligação PDS-DS-PD reteve mais a aparência de um partido do que forças como Força Itália ou M5S. No entanto, com a integração das frações parlamentares liberal-centristas, o papel das estruturas de adesão em massa enraizadas no movimento trabalhista foi sistematicamente marginalizado. Isso foi evidente na decisão de importar as primárias ao estilo estadunidense, não apenas priorizando a personalidade sobre a política, mas também diminuindo o valor da filiação regular, contra a simples inscrição de apoiadores. Esse apego enfraquecido também se reflete nos próprios fundamentos da unidade: enquanto o PCI foi unido pela tradição, compartilhou interesses materiais e pelo menos um compromisso formal com o futuro socialista, o PD de hoje é, em essência, um partido da classe média liberal com fins exclusivamente eleitoreiros. No entanto, se essa virada é facilmente mal interpretada como um ato de oportunismo, o novo modelo levou a uma queda acentuada no eleitorado de esquerda, como pode ser visto na Tabela 2.1. Na última década, o PCI experimentou uma perda gradual em seu apoio, de 11,1 milhões de votos em 1979 para 10,3 milhões em 1987. Ainda assim, a centro-esquerda dos anos seguintes sofreu um declínio muito mais drástico, não retendo o antigo eleitorado do PCI nem o substituindo por outros.

Tabela 2.3 DISTRIBUIÇÃO DE VOTOS DE 1987 E DE 2018 PARA O PCI E A DC

Partido votado em 1987	Distribuição dos votos nas eleições de 2018	
	Abstenção	Partidos
PCI	20%	M5S (35%) PD (32%) LEU (10%) Lega (9%) PAP (5%) Outros (5%)
DC	32%	Força Itália (29%) Lega (20%) PD (18%) M5S (18%) Outros (15%)

A base histórica desse partido, de fato, tornou-se extremamente fragmentada, com menos da metade ainda alinhada com os partidos de centro-esquerda e de esquerda que resultaram das cisões de 1991. Provas disso estão em uma pesquisa do instituto SWG, que cruzaram os dados das eleições de 2018 com os italianos que haviam votado no PCI na eleição de 1987 (Tabela 2.3). Os que responderam essa pesquisa tinham, por definição, pelo menos 48 anos, o que os colocava em grupos de idade geralmente mais propensos a votar no PD. Ainda assim, em 2018, foi o M5S que ficou em primeiro lugar, com 35% desses ex-eleitores do PCI, contra 32% do Partido Democrático. São dados consistentes com estudos que mostram boas pontuações do M5S nas categorias sociais entre as quais o PCI já teve o apoio da maioria, incluindo cerca de 57% dos desempregados e 43% dos trabalhadores braçais (Tabela 2.2). O PD, por outro lado, ocupava o primeiro lugar apenas entre os aposentados: como mostra um estudo do Centro Italiano de Estudos Eleitorais, seu voto era diretamente proporcional à classe, no sentido de que quanto mais rico o eleitor, maior a probabilidade de que ele vote no principal partido de centro-esquerda.[34] Os partidos de esquerda do PD tiveram uma pontuação fraca, embora melhor entre os ex-eleitores do PCI. A lista social-democrata liderada por figuras como D'Alema e Bersani, Liberi e Uguali, obteve apenas 3,4% dos votos em todo o país, e o Refundação e seus aliados no Potere al Poppolo (Poder ao Povo), 1,1%; entre os apoiadores do PCI de 1987, ficaram com 10% e 5%, respectivamente; a Lega Nord de Matteo Salvini ficou com 9%.

Se essa pesquisa lança dúvidas sobre a ideia de que a Lega está de fato conquistando a base de apoiadores do antigo PCI, em vez de mobilizar precedentes de direita ou não eleitores, as eleições de 2018 mostraram o quanto a esquerda perdeu seu referente social histórico. Isso é comparável à "pasokificação" dos partidos social-democratas em outras partes da Europa, embora em nenhum outro lugar a principal força de centro-esquerda tenha se tornado tão totalmente um partido das classes médias liberais. Se na Espanha, na França ou na Grécia, o enfraquecimento desses partidos deu origem a forças alternativas que afirmavam manter seu espírito original, a Itália testemunhou uma destruição mais geral da esquerda, na qual as categorias sociais antes fragmentadas que reunia outrora ou se voltaram para o M5S, ou em último caso, se abstiveram. Três décadas de pro-

---

[34] Centro Italiano de Estudos Eleitorais, "Il retorno del voto di classe, ma al contrario (ovvero: se il PD è il partito delle elite)".

blemas econômicos, instituições desacreditadas e partidos em declínio minaram a confiança popular na ação política, criando uma situação de terra arrasada na qual as forças de esquerda são incapazes de articular qualquer visão positiva para o futuro da Itália. Isso também está acumulando efeitos perigosos de longo prazo. Se a pesquisa da SWG sugeriu que os eleitores idosos do PCI ainda mantêm alguns laços de identidade com a esquerda, parece improvável que os jovens italianos em apuros econômicos busquem a redenção por meio de partidos sem precedentes recentes de servir a seus interesses materiais. Longe da centro-esquerda, esses grupos sociais foram os que mais perderam desde sua época no poder.

O fim do PCI

O colapso da mobilização popular está intimamente ligado ao fim do PCI, que desde 1945 foi a expressão política dominante da força de trabalho italiana. Aqui, não apenas os efeitos de seu colapso sobre as emoções e a identidade dos ativistas foram decisivos, mas também as mudanças geracionais que levaram à sua crise final. Partido que pretendia representar o povo e não apenas a classe trabalhadora, o PCI vinculou sua visão de classes de inspiração marxista a um interesse popular mais amplo, integrando as demandas dos assalariados, pequenos comerciantes e agricultores. Isso também lhe deu uma ampla base eleitoral. De fato, depois de pontuar 22,6% nas eleições gerais de 1953, seu voto cresceu continuamente nas disputas nacionais, até chegar a um pico de 34,4% dos votos em 1976.[35] No entanto,

---

[35] Na disputa anterior, em 1948, fizera parte de uma lista conjunta com os socialistas: essa foi, portanto, a primeira eleição geral do pós-guerra em que o PCI obteve uma pontuação representativa. Foi também um avanço em sua votação na eleição para a Assembleia

já em 1980, as derrotas dos sindicatos em "fortalezas" vermelhas, como na fábrica da Fiat em Mirafiori, em Turim, colocaram em xeque a visão do PCI de modernidade industrial e a futura centralidade da classe trabalhadora italiana em qualquer aliança de classe ampla. Nesse mesmo período, o PCI foi ainda mais prejudicado pela crise do bloco oriental socialista e, na verdade, por um problema geracional, quando seus quadros formados na era da Resistência finalmente começaram a se retirar da linha de frente da política. Diante do eclipse dos socialistas e consternado com o fracasso das reformas na União Soviética, em 1991 o PCI rompeu definitivamente com sua identidade comunista histórica, transformando-se no PDS. Cerca de um em cada dez membros apoiava a antiga bandeira, que foi reconstituída como PRC.

Já vimos como a destruição da Primeira República coincidiu com um triunfalismo liberal mais amplo, a crença de que o "inchado" Estado italiano deveria ser substituído por uma administração simplificada, racionalizada, despolitizada e com base em um modelo corporativo. Essa mudança no discurso público se deve não apenas ao premier-empresário Berlusconi, mas também às forças de esquerda que mais recentemente abraçaram os valores do capitalismo liberal. Enquanto a centro-direita literalmente colocava um empresário e seus associados no centro da vida pública, a centro-esquerda da Segunda República apoiava uma série de governos liderados por figuras institucionais e banqueiros centrais. Essa foi uma ruptura clara com a missão histórica da esquerda. A Constituição redigida pelos partidos da Resistência após a Segunda Guerra Mundial não apenas invocou a supremacia dos interesses populares sobre o lucro privado, mas também a vinculou à democratização da vida pública. O artigo 3º proclama que "é dever

---

Constituinte de 1946, em que obteve 19%.

da República remover os obstáculos de natureza econômica ou social que limitam a liberdade e a igualdade dos cidadãos, impedindo o pleno desenvolvimento da pessoa humana e a participação efetiva de todos os trabalhadores na vida política, econômica e social do país". Isso estava longe de ser o objetivo da centro-esquerda nos anos 1990. Os ex-comunistas, em vez disso, aliaram-se aos defensores da desregulamentação e da economia neoliberal, a ponto de consolidar a austeridade fiscal na própria Constituição.

Como Stathis Kouvelakis escreveu em um artigo sobre o niilismo político dos ex-esquerdistas, o elogio completo às instituições-chave do capitalismo ocidental por parte do ex-líder do PCI Achille Occhetto, que chamou Wall Street de "templo da civilização", teria sido difícil de imaginar por qualquer social-democrata comum; por outro lado, parece um pouco mais adequado às necessidades de um ex-comunista que procurava uma maneira rápida de se reinventar.[36] No entanto, assim como a Lega fez seu caminho para a Democracia Cristã ainda nas últimas fases da Primeira República, deve-se reconhecer que o esvaziamento do PCI havia começado muito antes do desaparecimento formal do partido, com o fracasso do projeto de Enrico Berlinguer de arrastar o partido para uma coalizão reformista. Se, em meados da década de 1970, Berlinguer prometeu preencher a lacuna entre o movimento operário e as instituições da República, colocando o PCI em sintonia com os democratas-cristãos, isso representou um estreitamento significativo dos horizontes transformadores do partido, o que, para além disso, implicava uma política de sacrifício imediato para sua base de trabalhadores. Nas décadas do pós-guerra, o PCI havia se proposto como alternativa modernizadora à DC. No entanto,

---

[36] Stathis Kouvelakis, "Syriza's Rise and Fall". *New Left Review*, v. II, n. 97, janeiro-fevereiro de 2016, p. 45-70.

no início dos anos 1980, seu projeto estava em um beco sem saída, pois se mostrou incapaz tanto de assumir o controle das instituições nacionais quanto de construir uma base adicional de oposição no coração industrial.

Tendo se tornado um verdadeiro partido de massas no final da Segunda Guerra Mundial, o PCI ficou famoso em toda a esquerda da Europa Ocidental por sua tentativa de se estender além de um eleitorado operário, abrangendo interesses populares mais amplos. Estes últimos foram impulsionados pelas várias formas de mobilização do PCI, tanto dentro como fora do contexto do local de trabalho, visto que, obedecendo à visão do gramscianismo de Palmiro Togliatti, o partido procurava espalhar a sua influência em todos os níveis da vida social e pública. Incapaz de entrar no governo em nível nacional devido ao *conventio ad excludendum* da Guerra Fria, o PCI, no entanto, construiu suas próprias contrainstituições dentro da Primeira República, incluindo uma vasta gama de consumidores ligados a partidos e cooperativas de trabalho, integrando até 8 milhões de italianos. A criação de governos regionais em 1970, bem como o avanço do PCI na política local, também lhe permitiu promover uma versão italiana do socialismo municipal, mais notoriamente desenvolvida na "Bolonha vermelha".[37] Mantendo uma identidade especificamente comunista em vez de social-democrata, o PCI adotou uma vaga promessa futura de socialismo com a comunidade construída em torno do partido e com as reformas implementadas no presente, desde transporte público gratuito até pagamentos generosos para trabalhadores industriais demitidos. A identidade do PCI era, no entanto, tudo menos antagonista ou anticapitalista. Na verdade, casou a base social com um certo senso de superioridade moral

---

[37] Max Jäggi *et al.*, *Red Bologna*. Londres: Writers and Readers Publishing Cooperative, 1977.

sobre os democratas-cristãos e os socialistas – uma reivindicação reforçada por sua exclusão do governo nacional. A Itália foi, de fato, um dos poucos países europeus em que o principal partido operário nunca foi integrado ao governo nacional. Apoiado por até um terço dos italianos, o PCI se identificou sobretudo com a Constituição elaborada pelos partidos da Resistência após a Segunda Guerra Mundial, que exigia a plena realização de sua promessa democrática. Esse senso de missão histórica foi expresso de forma famosa no artigo de Pier Paolo Pasolini no *Corriere della Sera* em 1974 , intitulado "Eu sei", que elogiou o PCI como "a graça salvadora da Itália e suas escassas instituições democráticas".[38] O poeta e diretor descreveu o partido como "um país limpo em um país sujo, um país honesto em um país desonesto, um país inteligente em um país idiota, um país educado em um país ignorante, um país humanista em um país consumista".[39] Ele próprio um militante dissidente do PCI, condenado ao ostracismo por sua homossexualidade, Pasolini, no entanto, pintou uma rica imagem do partido como uma ilha do futuro que precisava estabelecer "relações diplomáticas" com a outra Itália – quase como outro país dividido pela Guerra Fria.

O PCI vinha, desde 1945, defendendo uma visão de crescimento baseada na comunidade de interesses dos produtores, impondo cortes salariais nos meses imediatos do pós-guerra no interesse maior da reconstrução. No entanto, mesmo em meio ao "milagre econômico" sustentado das décadas de 1950 e 1960 – em que as taxas de crescimento italiano ultrapassaram todos os países europeus, exceto a Alemanha Ocidental –, a Itália carecia de estruturas corporativas que poderiam ter permitido um verdadeiro pacto entre trabalho e capital. Os ga-

---

[38] Pier Paolo Pasolini, "Io so". *Corriere della Sera*, 14 de novembro de 1974.
[39] *Ibid.*

nhos salariais e as proteções ao emprego obtidos nesse período aconteceram, em vez disso, por meio de poderosos movimentos nas fábricas ou, mais indiretamente, por meio das reformas realizadas pelos socialistas em governos liderados pela DC. No entanto, em meio ao crescente conflito social na década de 1970, Enrico Berlinguer do PCI propôs um "compromisso histórico" para "desbloquear" a democracia italiana, desde 1976 oferecendo apoio externo ao governo da DC de Giulio Andreotti em nome de uma "solidariedade nacional". A falta de voz do PCI (ou de ministros, nesse caso) no gabinete da DC radicalizou sua tendência anterior de ver os trabalhadores como uma parte interessada em questões nacionais, em vez de em termos de uma ofensiva direta contra o capital.

Após a morte de seu líder histórico Togliatti em 1964, o PCI permaneceria dividido entre diferentes visões do desenvolvimento econômico italiano, representado à esquerda por Pietro Ingrao e à direita por Giorgio Amendola e Giorgio Napolitano. Enquanto Ingrao enfatizou a necessidade de romper com um modelo de baixos salários e promover o crescimento impulsionado pela demanda, em uma era de sociedade de consumo crescente e integração dos socialistas em altos cargos, os seguidores de Amendola, por sua vez, mantiveram-se mais liberais e focados na necessidade de completar a revolução democrático-burguesa em uma Itália "atrasada". A eleição de Enrico Berlinguer como secretário-geral do Congresso do PCI em 1972 parecia uma derrota para a fração *migliorista* mais liberal de Amendola, no entanto, sob sua liderança, o partido mudaria significativamente para a direita tanto em sua posição em relação à DC quanto em suas perspectivas econômicas. Nos anos seguintes, sua resposta à desaceleração do crescimento e ao aumento da inflação foi tudo menos distintamente "comunista" e tem sido cada vez mais caracterizada por uma crítica a uma máquina estatal inchada. No final dos anos 1970, enquanto buscava um "compromisso histórico" com a DC em uma era de recessão crescente, o PCI começou a apoiar ideias semelhantes promovidas internacionalmente por neoliberais emergentes.

Nas eleições gerais de 1976, o PCI chegou mais perto do que nunca de uma ultrapassagem histórica da DC – obtendo recordes 34,4% dos votos – e imediatamente voltou-se para o governo. Na tentativa de demonstrar sua responsabilidade institucional, permitiu à DC governar sozinha, primeiro se abstendo por confiança, depois votando ativamente no governo Andreotti, apesar de não ter ministros próprios. Como acontece com qualquer avanço organizado pelo PCI, o partido também racionalizou isso em teoria, incluindo seu apoio às medidas de austeridade de Andreotti. Sua nova abordagem foi particularmente informada pelas ideias do economista ítalo-estadunidense Franco Modigliani, do Instituto de Tecnologia de Massachusetts. Embora inicialmente conhecido como um keynesiano, Modigliani tornou-se um grande defensor de um conjunto bastante diferente de ideias, que se concentrava em suprimir a inflação ao limitar as demandas salariais e evitar que o desemprego subisse muito (conforme resumido em sua hipótese sobre a taxa de desemprego não inflacionária, mais tarde conhecida como taxa de desemprego com inflação não acelerada, Nairu).[40] Como Francesco Cattabrini escreveu em um estudo fascinante, a adoção por parte do PCI das ideias de Modigliani na verdade significava abandonar o programa para manter os salários alinhados com os preços em alta, deixando-os cair em vez disso, em nome dos interesses gerais do crescimento econômico.[41] Esses postulados teóricos, abraçados por uma conferência do

---

[40] Francesco Cattabrini, "Franco Modigliani and the Italian Leftwing: The Debate over Labor Cost (1975-1978)", *History of Economic Thought and Policy*, 2012, n. 1, p. 75-95.
[41] *Ibid.*

Centro de Estudos de Política Econômica, vinculado ao PCI, em 1976, da qual Modigliani participou, sugeriam que o partido deveria ter apoiado a austeridade em nome de ajudar a competitividade internacional da Itália, que seria a forma definitiva de melhorar o padrão de vida.

Direcionando o PCI para longe de uma postura de oposição e demanda, impôs-se um reenquadramento radical em suas prioridades. Em 1975, Luciano Lama, homem do PCI e líder sindical da Confederação Geral do Trabalho Italiana (CGIL), assinou um acordo com o chefe da federação de empregadores, Gianni Agnelli, que vinculava os níveis salariais ao aumento da inflação, na tentativa de proteger o poder de compra. Mas durante o período do compromisso histórico, Lama reverteu o curso, em vez disso engolindo a chamada "política de sacrifícios". Isso foi impulsionado pela aceitação por parte do PCI das ideias de Modigliani e seu desejo de alinhamento com as próprias prioridades orçamentárias da DC. Em janeiro de 1978, Lama estabeleceu a chamada *linea dell'*EUR, que aceitava cortes de salários com o interesse de "curar" a economia e impulsionar o crescimento. O fracasso do compromisso histórico – destruído em maio de 1978 quando terroristas de ultraesquerda assassinaram o presidente do partido DC, Aldo Moro – na verdade empurrou o PCI para uma postura mais oposicionista; depois que o primeiro-ministro socialista Craxi impôs um corte de quatro pontos no índice salarial, em 1985 o partido tentou revogar essa medida por meio de um referendo. Contudo, como escreve o historiador Guido Liguori, houve uma grande mudança no papel do PCI:

A maior parte do PCI, ainda enraizado no país, se opôs orgulhosamente aos repetidos ataques nos rosnados de seus oponentes. Fê-lo sobretudo em nome da defesa da "tradição partidária" e da sua existência como "comunidade", uma teia de relações, solidariedade e experiências partilhadas que se vão construindo ao longo do tempo. Porém, amplos setores do partido, não apenas na liderança, mudaram gradualmente a cultura política desde o início dos anos 1970 e agora abraçaram diferentes culturas e perspectivas políticas. Eles se tornaram a parte (subordinada) de um sistema hegemônico diferente.[42]

Ao assumir o controle do PCI muito antes de sua efetiva dissolução, essa mudança em direção a uma defesa dos "sacrifícios pelo interesse nacional" desencadeou uma cisão na identidade do partido. Na verdade, embora tal política refletisse certa visão da importância do trabalho dentro do capitalismo italiano (ainda que implodido pelos imperativos gerais da competitividade internacional da Itália), ela colidiu com as demandas materiais mais imediatas provenientes da base da classe trabalhadora, incluindo os próprios militantes do PCI. Na era Berlinguer, o partido conseguiu em grande parte reconciliar suas diferentes almas – em particular, era como se tivesse sido salvo pelo fato de nunca ter puxado diretamente as alavancas do governo, adiando assim qualquer divisão entre o partido do povo, o partido da responsabilidade institucional, o partido do futuro socialista e o chamado "país dentro do país". Em particular, o colapso do compromisso histórico após o assassinato de Moro marginalizou o PCI dos socialistas e o empurrou para um papel mais francamente de oposição. No entanto, indo além de Liguori, poderíamos apontar a adoção de Berlinguer da "moralidade na política" nesse período como uma reformulação particular dos objetivos e categorias sociais de referência da esquerda.

---

[42] Guido Liguori, *La morte del* PCI. Roma: manifestolibri, 2009, p. 10. Fui indicado para essa seção por Thomas Fazi e William Mitchell, *Sovranità o barbarie: il ritorno della questione nazionale*. Milão: Meltemi, 2018, p. 96.

Essa afirmação deve vir com advertências. O PCI do período do compromisso histórico foi mais do que um precursor da centro-esquerda neoliberal, e alguns termos que invocou nesse período tiveram significados que não podem ser simplesmente reduzidos ao que se tornaram. Quando Berlinguer se referiu, em um famoso discurso de 1977, à necessidade de aceitar a "austeridade" como uma "alavanca para transformar a Itália", ele tentou enfatizar que isso significava um conjunto diferente de valores para o consumismo individualista, e não simplesmente uma ofensiva contra o padrão de vida dos trabalhadores. Ainda assim, o efeito geral foi que o PCI mudou sua mensagem para um terreno de "moralidade" que estava em tensão ou mesmo em contradição com as preocupações "materiais" – tanto a existência duvidosa de políticos quanto as reivindicações mais modestas da mesma base partidária. Esse foi um tema fortemente afirmado na entrevista de Berlinguer de 1981 com Eugenio Scalfari do *La Repubblica*, intitulada "Para onde está indo o PCI?" "vantagens" obtidas dos partidos que o administraram.

[Os partidos] administram os mais díspares e contraditórios – às vezes até corruptos – interesses sem relação com as crescentes necessidades e demandas humanas, ou mesmo distorcendo-as, sem perseguir o bem comum... [eles] degeneraram, em vários graus, de sua função constitucional para servir aos seus próprios fins, causando graves danos tanto ao Estado como a si próprios. No entanto, o Partido Comunista Italiano não os acompanhou nessa degeneração. Essa é a primeira razão da nossa diversidade. Você acha que os italianos deveriam ter tanto medo disso?[43]

---

[43] "Dove va il PCI". *La Repubblica*, 28 de julho de 1981.

Os comentários de Berlinguer seriam mais tarde tomados como uma previsão do fracasso da Primeira República, lançando-o à luz da integridade e sobriedade enquanto condenava aquele Estado por sua elefantíase burocrática gastadora. Isso mostrou a lacuna entre a força residual do partido como uma força para a moralidade republicana e sua dificuldade em entregar uma agenda realista para a mudança econômica. Após sua morte, que ocorreu em 11 de junho de 1984, Berlinguer tornou-se uma figura muito mitificada: cerca de 3 milhões de pessoas compareceram ao seu funeral, e as eleições europeias realizadas apenas seis dias após sua morte levaram o PCI ao primeiro lugar em uma eleição nacional pela primeira vez. Mas se, mesmo nesse ponto, o Partido Comunista ainda conseguia conquistar a lealdade de cerca de um terço dos italianos, tanto sua base material quanto sua cola de identidade começaram a se dissolver. Cada vez mais consistente com um discurso de "moralidade na vida pública", o PCI foi de fato ainda mais rápido em se afastar de um programa de transformações econômicas fundamentais do que forças como o Partido Socialista de François Mitterrand ou o Partido Trabalhista do Reino Unido. Quando seu projeto de mudar a Itália se transformou em um discurso de luta contra a ineficiência e o desperdício burocrático, o partido de Gramsci e Togliatti começou a soar mais como os críticos liberais da Itália democrata-cristã.

O que permaneceu difícil, mesmo após a morte de um quadro da era da Resistência como Berlinguer, foi qualquer ruptura formal com a identidade comunista do PCI. Seus mais de 1,5 milhão de membros eram especialistas nas tradições do partido, que vão de Antonio Gramsci à Resistência antifascista e a luta para erradicar a máfia – e não estava claro o que exatamente poderia substituí-lo. Depois de um longo distanciamento dos objetivos revolucionários e de Moscou, o fim do PCI exigiria de fato um gatilho externo. Em sua época, Berlinguer havia declarado que o espírito de 1917 tinha se "exaurido": ele tentou preservar a identidade do PCI removendo-o da União Soviética, mesmo que depositasse esperanças no processo de perestroika de Mikhail Gorbatchov. Mas o fracasso dos esforços de reforma no Leste – e as imagens impressionantes de cidadãos alemães escalando o Muro de Berlim – inevitavelmente alimentou a crença de que a palavra "comunista" não descrevia mais a realidade do PCI ou do projeto com o qual ele queria se identificar. A mudança de nome de 1991, entretanto, foi muito além de simplesmente renomear o partido; radicalizou uma mudança profunda nos objetivos que o partido buscava.

Os debates sobre o futuro do partido, evocativamente descritos no filme de Nanni Moretti, *A coisa*, de 1990, davam pouca noção do que aconteceria – na verdade, o fato de que o antigo PCI mais tarde se transformaria em um partido liberal em vez de socialista, de fato um partido baseado principalmente em seu apoio aos italianos de classe média, estava longe de ser evidente durante esse período. O PDS produzido por esse processo ainda não era o PD, nascido em 2007, muito menos o veículo customizado projetado por Matteo Renzi na primeira metade da década seguinte. No entanto, o repúdio ao passado comunista teve um efeito poderoso sobre os quadros do novo partido, bem como a divisão dos ex-membros que mantiveram a antiga identidade. No PCI, a tradição teve uma estreita ligação tanto com a atividade presente quanto com o futuro socialista: personalidades proeminentes como Palmiro Togliatti e Pietro Secchia escreveram histórias partidárias para explicar os avanços feitos e para legitimar suas decisões. No entanto, quando essa teologia foi abandonada e o vínculo com o futuro rompido, o epitáfio do PCI foi escrito por figuras periféricas ou mesmo de fora de suas fileiras, como Lucio Magri em seu livro *O alfaiate de Ulm*.[44]

O título do livro de Magri referia-se a uma intervenção durante os debates sobre o futuro do PCI, em que o fiel partidário Pietro Ingrao invocou a parábola de Bertolt Brecht, "O alfaiate de Ulm". O poema, escrito em 1934 após a derrota do movimento operário alemão pelos nazistas, conta a história da primeira tentativa de voo humano de um humilde alfaiate com um par de asas mecânicas. Quando o ousado pioneiro salta da torre do sino apenas para cair e morrer, o sempre cínico bispo diz à multidão que o observa que seu fracasso sempre foi inevitável. No entanto, um dia o homem voaria – e para Ingrao, a mesma coisa poderia ser dita dos comunistas. Claro, suas primeiras tentativas, no século XX, haviam caído por terra, mas por que desistir de qualquer esperança de sucesso futuro? Impressionado com a parábola, Magri respondeu com algumas de suas analogias. Se o alfaiate tivesse sobrevivido, talvez quebrando alguns ossos, seus amigos teriam realmente o aconselhado a tentar de novo imediatamente? E se o alfaiate estava certo ao imaginar que o voo humano era possível, que contribuição ele deu para a Força Aérea?

As respostas a tais perguntas foram sufocadas por um debate mais estreito sobre identidade, no qual até mesmo os defensores do nome compartilhavam poucas ideias comuns. Cerca de um terço dos delegados no congresso final do PCI, realizado em Rimini em 1991, recusou o abandono de sua identidade comunista, e muitos dissidentes então se moveram para formar o Refundação junto com outras forças de extrema esquerda fora da tradição do PCI. Em sua primeira década, o Refundação foi uma espécie de farol para a esquerda radical europeia: tinha cerca de 120 mil militantes, contava regularmente com cerca

---

[44] Lucio Magri, *O alfaiate de Ulm*. São Paulo: Boitempo Editorial, 2015.

de 8% dos votos e mostrava entusiasmo particular pelos movimentos sociais. No entanto, embora exaltasse os méritos do pluralismo – considerado a resposta abrangente ao fracasso do PCI –, o partido nunca definiu sua própria identidade positiva, além da militância de sua oposição "antifascista" a Berlusconi. Na falta de um programa de governo claro, o Refundação sofreu repetidas discórdias sobre a questão de apoiar ou não a centro-esquerda neoliberal como um bloqueio temporário contra o bilionário.[45] Em 2006, o Refundação entrou no governo da coalizão de Romano Prodi, apenas para perder todas as suas cadeiras nas eleições gerais subsequentes.

As repetidas divisões no Refundação, em sua tentativa fracassada de se separar completamente do PDS, refletiram as circunstâncias tumultuadas nas quais ela havia surgido inicialmente. O PCI havia construído uma impressionante variedade de "seções" locais ao longo das décadas, e esses pontos de encontro agora eram ocupados pelo PDS ou pelo PRC ou literalmente divididos ao meio por novas cortinas de ferro. A principal federação sindical, a CGIL, manteve-se estreitamente alinhada com o PDS, mas mesmo os quadros proeminentes lutaram para escolher entre os dois. Pietro Ingrao, a figura principal do PCI, considerado o mais aberto aos movimentos sociais da década de 1970, inicialmente formou uma bancada comunista dentro do PDS antes de se mudar para o PRC. O grupo em torno do jornal comunista dissidente *Il Manifesto* seguiu um caminho semelhante. O exemplo mais marcante do levante (embora certamente anômalo) foi Maria Fida Moro, senadora e filha de Aldo Moro, o ex-primeiro-ministro democrata-cristão assassinado pelas

---

[45] Sobre a história desse partido, veja minha entrevista com Fulvio Lorefice, "Italy's Past Glories", *Jacobin*, 28 de fevereiro de 2018; em italiano, ver Fulvio Lorefice, *Ribellarsi non basta I subalterni e l'organizzazione necessari*. Roma: Bordeaux Edizioni, 2017.

Brigadas Vermelhas, que desertou do partido de seu pai para o PRC e depois para o neofascista Movimento Social Italiano.

A divisão também teve um sério efeito desorientador na antiga base de ativistas do PCI. Já havia retrocessos significativos na última década: de 1980 a 1989, o número de membros caiu de 1,79 milhão para 1,42 milhão, e, em 1990, após a queda do Muro de Berlim, esse número caiu para 1,26 milhão. No entanto, após a traumática cisão de 1991, o declínio se acelerou: em 1992, o PDS e o PRC juntos tinham apenas 887.455 membros. Na eleição geral daquele ano, seus 21,7% dos votos (representando 8,5 milhões de italianos) ficaram bem abaixo do resultado do PCI em sua última saída em 1987, quando seus 10,2 milhões de votos (26,6%) já haviam sido considerados uma derrota pesada. Mas outra coisa também começou a desaparecer. *A coisa* de Moretti mostrou tanto a profunda confusão que se seguiu ao fim do socialismo soviético quanto uma mobilização em larga escala, já que expoentes de toda a Itália tiveram uma palavra a dizer nas reuniões locais que precederam a "virada" do partido. No entanto, a divisão e a "liberalização" do PDS substituíram essa democracia de massa pela liderança de economistas e tecnocratas, incluindo aqueles que há muito se opunham ao PCI.

Essa mudança profunda nas prioridades do partido, após a mudança de nome, já ficou evidente em uma das primeiras provas do PDS. Em 1992-1993, primeiro o governo de Giuliano Amato, e depois o governo liderado pelo ex-presidente do Banco da Itália, Carlo Azeglio Ciampi, cortaram os gastos públicos e retiraram o índice que vinculava os salários à inflação: como diz Giacomo Gabbuti, o efeito foi aquele de "desmantelar as políticas que permitiram a redução das desigualdades e uma distribuição mais equitativa dos frutos do 'milagre econômico' do pós-guerra atravessando divisões de classe e geográficas".[46] Es-

---

[46] Giacomo Gabbuti, "Vento d'estate". *Jacobin Italia*, 12 de agosto

sas medidas foram engolidas pelos dirigentes sindicais da CGIL alinhados ao PDS, que, em 31 de julho de 1992, concordaram em abandonar a indexação salarial (manter os salários à frente do aumento dos preços), tudo em nome do corte da inflação. A ofensiva foi concluída no outono do mesmo ano, com o orçamento de "sangue e lágrimas" de Amado cortando 93 trilhões de liras (cerca de 49 bilhões de euros) do déficit público. Isso gerou uma tempestade de protestos, com mobilizações de massa que se estenderam muito além do controle dos líderes sindicais confederais. Mesmo assim, os partidos governantes e o PDS se mantiveram firmes, com o PRC se distinguindo precisamente por sua oposição a esses movimentos.

A formação do gabinete de Ciampi forneceu uma exposição farsesca dos novos imperativos do PDS. O primeiro governo republicano liderado por uma figura não eleita, o ex-chefe do banco foi o primeiro premiê desde 1947 a incluir ex-ministros comunistas ao lado de socialistas e membros da DC. Libertado do *conventio ad excludendum*, que o havia excluído do governo nacional na era da Guerra Fria, Ciampi nomeou figuras do ex-PCI com papéis centrais em sua administração de austeridade. Em particular, ele nomeou Vincenzo Visco, um independente eleito da lista do PCI, que no passado também ocupou um papel institucional nas administrações da DC, para liderar o ministério das Finanças. No entanto, enquanto o PDS aceitou o impulso subjacente ao corte orçamentário do governo Ciampi, em nome da consolidação fiscal, o partido teve de enfrentar a noite da formação do governo com a notícia de que seus novos aliados planejavam bloquear o processo de Bettino Craxi. Apenas dez horas depois de Ciampi os receber em sua coalizão, os ministros do PDS abandonaram todos os seus cargos.

---

de 2019.

A "necessidade" de austeridade

A Itália está altamente endividada: hoje, sua dívida de 2,4 trilhões de euros excede 30% do PIB, gastando muito mais para servir aos juros do que na educação pública. Nesse contexto, as medidas de austeridade podem ser vistas como um meio de reduzir a dívida ou podem ser criticadas como insuficientes para "superar os problemas estruturais do país".[47] A dívida é bastante complicada quando se considera o fato de que, desde 1991, os governos italianos têm registrado consistentemente um superávit primário, ou seja, recebem mais receitas fiscais do que gastam, antes de pagar os juros. Os italianos certamente não sentem que estão desperdiçando seu dinheiro – na verdade, de acordo com um relatório de 2015 do Eurostat,[48] em termos reais eles estão ficando mais pobres. Tomando um índice-base de 100 para todos os países da União Europeia, desde 2004 a Itália caiu de 110 (poder de compra ligeiramente acima da média) para 96, enquanto a Alemanha passou de 120 para 124. Durante três décadas, os governos italianos reduziram os gastos públicos e desregulamentaram direitos trabalhistas, mas o efeito de enfraquecer a demanda interna na verdade aumentou a dívida.

Esse desenvolvimento está particularmente relacionado com a União Econômica e Monetária Europeia (UEM). O fato de mesmo os partidários italianos da UEM chamarem-na de "amarra externa" dá uma ideia de como isso aconteceu: não apenas uma força que se impôs de fora, mas sim um conjun-

---

[47] Ver, por exemplo, Alessandro Speciale e Chiara Albanese, "Is the Euro to Blame for Italy's Economic Woes?", Bloomberg Businessweek, 18 de dezembro de 2018.

[48] Jeremy Gaunt, "Two Reasons Why Italians Are Turning Sour on the Euro". *Reuters*, 12 de abril de 2017.

to de regras que as elites buscaram para reestruturar a Itália. A UEM não era apenas uma questão de notas e moedas, mas também das regras impostas pelo Tratado de Maastricht, escrito por economistas neoliberais como o aluno de Modigliani, Tommaso Padoa-Schioppa. Inspirado pelo triunfalismo liberal que saudou o fim da Guerra Fria, esse tratado de fevereiro de 1992 forneceu a estrutura ideológica para a reestruturação econômica que se seguiu à morte da Primeira República. Se a Alemanha Ocidental do pós-guerra havia sido construída sobre o ordoliberalismo – um conjunto de regras fiscais que ficava acima do desafio democrático –, essa ordem agora se estendia não apenas ao Leste recém-integrado, mas também a países como a Itália. Além do fato de que Roma deveria manter os gastos públicos dentro dos limites do déficit de Maastricht, em tempos de crise ela não contaria mais com um banco central que responde aos políticos democráticos, mas ao Banco Central Europeu.

A UEM nunca foi apenas um "consenso" de soberania entre governos nacionais: em vez disso, suas próprias regras impunham uma agenda econômica específica. O primeiro passo foi o Sistema Monetário Europeu (SME), criado em 1979, um sistema de taxas de câmbio "semifixadas" em que a lira podia se movimentar 6% acima ou abaixo de uma taxa central definida pelo marco alemão ocidental. A esquerda e os sindicatos se opuseram fortemente a essa restrição: nos debates de dezembro de 1978, o eminente Giorgio Napolitano alertou que enquanto o Bundesbank em Frankfurt mantivesse sua política não expansionista, um país com uma moeda mais fraca como a Itália seria empurrado para a deflação.[49] O risco era que as taxas de câmbio (semi)fixas impedissem a valorização do marco, mas tornassem a lira mais onerosa, impondo uma conten-

---

[49] Fazi e Mitchell, *Sovranità o Barbarie*, p. 105-8.

ção salarial para manter a competitividade internacional da Itália. A menos que a Itália pudesse de alguma forma manter um nível mais alto de investimento e crescimento, o efeito da união monetária não seria tornar sua economia mais parecida com a da Alemanha, mas sim intensificar as disparidades entre elas, empurrando a Itália para uma constante "desvalorização interna" – reduzindo os custos do trabalho para manter suas exportações competitivas.

Como Thomas Fazi e Bill Mitchell inteligentemente argumentaram, esses efeitos amplamente previstos de ingressar no SME serviram mais como uma motivação do que um impedimento para as elites italianas.[50] Na década de 1970, a Itália combinou alto crescimento com um forte movimento trabalhista, tornando os salários dos trabalhadores aqueles entre os mais altos da Europa em termos reais. A adesão ao SME – e, portanto, a perda do controle do Tesouro sobre o banco central – impôs uma desvalorização interna, porém, ao mesmo tempo deixou as finanças públicas italianas cada vez mais vulneráveis à especulação nos mercados de dívida privados. Isso significou uma mudança de uma economia baseada em salários, em que o crescimento era impulsionado pela demanda interna, para uma baseada na dívida e na cobrança de rendas – na verdade, de 1976 a 2016, a renda do trabalho caiu de 66% do PIB para apenas 53%. Nos termos de Cédric Durand, ao subordinar os salários às demandas de estabilidade financeira, a integração europeia serviu como o

> instrumento por meio do qual o capital se liberta de um compromisso de classe, relativamente favorável ao trabalho, herdado do pós-guerra, enquanto se reestrutura para melhor se inserir na

---

[50] *Ibid.*

globalização e embarcar no caminho da financeirização, que já havia começado do outro lado do Atlântico.[51]

A alegação de que a Itália se beneficiaria disso baseava-se na ideia de que (semi)fixar a lira ao marco permitiria "tomar emprestadas" a estabilidade e a confiança dos investidores, ao mesmo tempo que lubrificaria as rodas do comércio intraeuropeu.[52] No entanto, como observou o ministro das Finanças Giuliano Amato em 1988, o SME beneficiou os países com as moedas mais fortes (que foram mantidas artificialmente baratas), enquanto minava o modelo de crescimento histórico da Itália, baseado na alta demanda doméstica.[53] Essa era uma má notícia para os trabalhadores do segundo maior setor manufatureiro da Europa. Mas o fato de se tratar de uma "amarra externa" – a pressão aparentemente "natural" dos mercados de títulos sobre a lira, que o Tesouro não conseguiu controlar – serviu de pretexto para impor cortes salariais para combater a inflação, como se isso fosse apenas efeito do funcionamento

---

[51] Cédric Durand, "The Workers Have no Europe". Catalyst, inverno de 2018.

[52] Ver Tristan Auvray e Cédric Durand, "A European Capitalism? Revisiting the Mandel-Poulantzas Debate, em *The End of the Democratic State*. Londres: Palgrave Macmillan, 2018, especialmente p. 155-65.

[53] Como ele disse, o problema fundamental do sistema de uma perspectiva italiana é que "não apenas a moeda-pivô do sistema está fundamentalmente desvalorizada, mas o crescimento da demanda interna na Alemanha [Ocidental] é inferior à média'. Citado em Christina R. Sevilla, "Explaining the September 1992 ERM Crisis: The Maastricht Bargain and Domestic Politics in Germany, France, and Britain", documento apresentado na European Community Studies Association, Fourth Biennial International Conference, 11-14 de maio de 1995, p. 8.

do mercado livre. A escolha de renunciar à soberania monetária foi apenas isso: uma escolha. Em combinação com a livre circulação de capitais, sancionada pelo Ato Único Europeu de 1986, o efeito foi tornar toda a economia italiana mais vulnerável à especulação financeira.

Se o SME impôs uma disciplina externa às finanças italianas, o efeito foi oposto ao que os partidários da austeridade fiscal alegaram. Ao longo da década de 1980, as demandas para manter as taxas de juros acima do "mínimo" imposto pelo Bundesbank resultaram em um aumento maciço da dívida pública, que passou de 58% para 102% do PIB, embora os salários e os gastos públicos tenham caído. Isso foi dramatizado após a reunificação alemã em outubro de 1990, quando enormes gastos alemães na integração oriental (acompanhados por uma enorme onda de investimentos internacionais em títulos alemães) levaram o Bundesbank a aumentar suas taxas de juros em 10%. Quando a dívida da Itália explodiu, em junho de 1992, o ex-ministro do Tesouro Giuliano Amato foi nomeado para formar um novo governo que prometeu 30 trilhões de liras (15 bilhões de euros) em medidas de austeridade; o Banco da Itália retirou o dobro de suas reservas externas para comprar lira, para tentar estabilizar a taxa de câmbio. Mas, diante das especulações maciças de George Soros, a Itália não teve escolha a não ser abandonar o SME em 16 de setembro. A lira, que saiu do regime de uma taxa pseudofixa, caiu instantaneamente em 20%.

No mesmo dia em que a Itália deixou o SME, a Grã-Bretanha viveu sua própria "Quarta-feira sombria",[54] uma experiência humilhante para o governo conservador de John Major. No caso

---

[54] No original Black Wednesday, refere-se ao dia 16 de Setembro de 1992, quando o empresário e economista George Soros ganhou 1 bilhão de libras esterlinas especulando a desvalorização da libra esterlina. (N.E.)

da Grã-Bretanha, isso causou uma ruptura permanente com o projeto de uma moeda única europeia. Tanto para Roma como para Londres, a saída do SME foi considerada um desastre político, embora a desvalorização tenha de fato muitas consequências positivas. As taxas de juros italianas caíram abaixo dos níveis anteriores, definidos pela Alemanha, e houve em 1993 um *boom* de exportações, quando a economia recebeu o que Fazi chamou de um "gole de oxigênio".[55] Como escreve Joseph Halevi, o efeito positivo foi limitado pelos aumentos de preços impostos pelos negócios.[56] No entanto, em meio à revolução liberal que se seguiu à Mãos Limpas, as forças políticas dominantes tiraram a lição oposta desse episódio, acreditando que a saída do SME foi um castigo pelo atraso da Itália e pelas dívidas acumuladas pelos partidos podres da Primeira República. Esse, contudo, era um problema que só havia sido construído nos últimos anos, em que a pressão para manter as taxas de juros altas tornara a dívida em liras cada vez mais cara, impedindo o crescimento de baixo.

Isso pouco importava para os pregadores da "amarra externa". Como eles argumentaram explicitamente em uma infinidade de livros, artigos e intervenções em emissoras nacionais, o SME era uma ferramenta para mudar a própria Itália – o que uma obra de 1996 de Federico Rampini, do jornal *La Repubblica*, enalteceu como "germanização". Enquanto muitos falavam de "integração" europeia, implicando um compromisso entre diferentes nações, Rampini propagandeou a "germanização", referindo-se ao uso da união monetária como meio de forçar a privatização a uma velocidade vertiginosa. Para o texto de um autor autodenominado de esquerda, esse livro foi extraordina-

---

[55] Fazi e Mitchell, *Sovranità o Barbarie*.

[56] Ver os interessantes comentários de Joseph Halevi, "Europa e 'Mezzogiorni'", Palermograd, 21 de abril de 2016.

riamente otimista sobre a perspectiva de austeridade – o autor não se envergonhou de descrever um futuro de salários mais baixos, desemprego crescente, diferenças crescentes entre o Norte e o Sul e controle democrático limitado –, tudo justificado pela necessidade de desmantelar a velha e mal-amada Itália burocrática. Em outro livro, o mesmo escritor conversou com o então comissário europeu Mario Monti, que afirmou, sem escrúpulos, que se tais medidas fossem impulsionadas pela Comissão em Bruxelas e não pela própria Roma, estariam "mais protegidas do processo eleitoral", permitindo assim que "a Europa sirva aos interesses da Itália, mesmo contra sua própria vontade".[57] Como primeiro-ministro de um gabinete de tecnocratas não eleitos em 2011-2013, Monti seguiria essa prescrição à risca.

Liberalização

A política de "amarras externas" e "disciplina fiscal" marcou uma ruptura histórica entre a centro-esquerda e sua base social histórica. Na campanha eleitoral de 1996, Romano Prodi prometeu que, no final, os sacrifícios valeriam a pena para todos: "Com o euro, trabalharemos um dia a menos e ganharemos como se trabalhássemos um dia a mais". Os resultados reais ficaram aquém dessa promessa. De fato, o PIB per capita da Itália diminuiu desde 1999, com sua capacidade industrial caindo 25% no mesmo período. Enquanto a obediência à "disciplina fiscal" deu à Itália superávits primários todos os anos com exceção de um desde 1991 – uma adesão à austeridade sem igual na Europa –, e o Estado vendeu mais de 110 bilhões de euros em ativos públicos, os juros elevaram a dívida pública para 2,4

---

[57] Mario Monti, Intervista sull'Italia in Europa. Bari: Laterza, 1998, p. 40, 176.

trilhões de euros. Esse drama é agravado pela falta de política industrial, já que a Itália vende os ativos de sua economia em nome de uma dívida impagável. Em 1992, quando a relação dívida/PIB ultrapassou 103%, o primeiro-ministro Amato declarou uma "dramática emergência nas finanças públicas", exigindo um orçamento de austeridade à base de "sangue e lágrimas". Em 2018, essa mesma proporção havia chegado a 135%.[58]

Se a retórica da liberalização sugeria que a Itália estava se rendendo ao funcionamento "natural" do mercado livre, eliminando restrições como a indexação salarial e a negociação coletiva, esse processo foi impulsionado por escolhas políticas deliberadas. Quando economistas como Padoa-Schioppa escreveram as regras de Maastricht, eles estavam fazendo intervenções especiais por conta própria, impedindo qualquer futuro governo de aplicar uma política fiscal baseada em empréstimos para investir ou (de fato) de permitir aumentos salariais para impulsionar a demanda doméstica. As escolhas tidas como certas por essa estrutura e adotadas pela centro-esquerda eram igualmente "ideológicas", assim como tudo o que o PCI já havia proposto, visto que ele abraçou a drástica redução da esfera pública em nome da liberalização. No entanto, eles também se beneficiaram da aura de "inevitabilidade" conferida pelo fato de estarem sujeitos a restrições europeias inalteráveis. A vontade do PDS de transformar a estrutura econômica da Primeira República combinava-se, de fato, com uma certa predisposição cultural sobre a democracia italiana, considerada fonte de reivindicações indevidas que precisavam ser domadas pela "amarra externa".

Todos os principais partidos, com exceção do PRC, apoiaram a UEM e esse programa de privatizações. Entretanto, a centro-

---

[58] Ver a tendência histórica em http://tradingeconomics.com/italy/government-debt-to-gdp.

-esquerda em especial identificou-se com a moeda única e, durante seu período de governo de 1996 a 2001, fez o trabalho de base para preparar as finanças públicas para a adesão à zona do euro. A lei eleitoral Mattarellum, aprovada pelo governo Ciampi em setembro de 1993, favoreceu a formação de duas amplas coalizões eleitorais e, durante todo o período de entrada no euro, o PDS fez parte da aliança l'Ulivo liderada por Romano Prodi, ex-consultor da Goldman Sachs. Como presidente do órgão de investimento público Instituto de Reconstrução Industrial (IRI) na década de 1980, Prodi vendeu as empresas siderúrgicas do Estado, seu ramo de engenharia civil e a montadora Alfa Romeo; reconfirmado nessa mesma função por Ciampi em 1993, ele deu continuidade a essa venda de ativos, incluindo a venda de 2 trilhões de liras (10 bilhões de euros) da ala alimentar da empresa estatal de energia SME para a Unilever. Tendo se tornado o primeiro premiê da centro-esquerda em 1996, a política central de Prodi era reduzir drasticamente os gastos públicos, explorando a venda de empresas estatais (energia, telecomunicações, Alitalia), bem como cortes nos serviços para manter o déficit dentro dos limites da UEM.

Nesse sentido, a "amarra externa" permitiu à centro-esquerda fazer uma revolução tanto em sua própria política quanto nas estruturas da economia italiana. Para os dirigentes do l'Ulivo, não se tratava apenas de cortar gastos, mas de fazer da Itália um "país normal", livre de burocracia e de um mercado de trabalho "bloqueado". Com a Propinópolis e Silvio Berlusconi como contraste, já em 1994 Prodi publicou a obra *Governare l'Italia: Manifesto per il cambiamento* [Governar a Itália: um manifesto pela a mudança], um livro curto no qual argumentava que a centro-esquerda deveria tomar a iniciativa de enxugar o Estado italiano, missão em que a direita falhou. Descrevendo o "Estado enxuto" como "o elemento fundamental de qualquer política econômica moderna", Prodi defendeu a eliminação do "peso avassalador do setor público", a ser alcançada por meio de privatizações vertiginosas e da retirada do poder de barganha sindical. Ex-chefe do IRI, Prodi descreveu as empresas públicas não como uma força potencial para impulsionar o crescimento e manter o emprego, mas simplesmente como um "monopólio estatal" ineficiente. Nesse sentido, ele atacou Berlusconi e seus sócios de extrema direita da Aliança Nacional pela falta de energia na condução das privatizações, tratando indevidamente o Estado como "dono" de partes da economia.[59]

Armada com essas ideias e um compromisso sincero com a Europa, a centro-esquerda pressionou a "liberalização" econômica de forma ainda mais agressiva do que Berlusconi. A linguagem de Prodi sobre o "Estado enxuto" – e a substituição do "assistencialismo" estatal por um espaço público mais conciso e 'compatível com os imperativos fiscais" – aliou-se a um repúdio mais amplo à Primeira República e seu legado. Reveladores foram os comentários de Paolo Flores d'Arcais, um dos principais ativistas anti-Berlusconi e diretor da revista de atualidades *MicroMega*, que havia iniciado sua vida política como trotskista. Sua contribuição para o manifesto de Prodi levantou o slogan pseudorrevolucionário "Seja utópico, exija o possível", enquanto ele clamou por uma "revolução da normalidade, da normalidade ocidental" para varrer uma terra definida pelo atraso e pela criminalidade. Acompanhado por um apelo aos italianos para organizarem uma "revolução na seriedade" e uma "revolução na legalidade", Flores d'Arcais interpretou a Propinópolis e Berlusconi como exemplos do profundo déficit cultural da Itália. No pensamento dos novos liberais, isso seria superado pela adoção de modelos de moralidade pública como a União

---

[59] Romano Prodi, Governare l'Italia. Manifesto per il cambiamento. Roma: Donzelli, 1995, p. 12-18.

Europeia e Bill Clinton, agora um herói consagrado da ex-comunista esquerda liberal.

Essa liberalização foi, de fato, a cola ideológica do primeiro governo de centro-esquerda. Isso teve início já durante a campanha eleitoral de 1996, quando Prodi pediu "dezoito meses de cortes e sacrifícios para restaurar a Itália"[60] e, após assumir o cargo em 18 de maio, toda a sua política visava a atingir o teto do déficit de 3% estabelecido pelo Maastricht. Com Visco, do PDS, como ministro da Fazenda e Ciampi no Tesouro, Prodi utilizou todos os meios à sua disposição para reduzir o déficit público, desde a ofensiva contra a sonegação de impostos à venda do monopólio estatal de tabaco, uma série de medidas de austeridade e até um imposto único denominado Contribuição Extraordinária para a Europa, do qual 60% seria reembolsado no ano seguinte. Ajudado por essas correções, Prodi conseguiu reduzir o déficit de 3,2% para 2,7% em seis meses. No entanto, ao mesmo tempo, ele também comprometeu a Itália com uma "amarra externa" ainda mais estreita. Em julho de 1997, os Estados da UEM assinaram o Pacto de Estabilidade e Crescimento, que garantia à Comissão Europeia e ao Conselho de Ministros a "vigilância" das economias, incluindo a italiana, nas quais a dívida pública ultrapassava 60% do PIB. Isso incluía o poder de multar governos nacionais ou mesmo de impor suas próprias políticas sobre eles.

Nessa adesão ao livre mercado (emoldurado pelos limites restritivos de orçamento do projeto europeu), a ideia de representar um interesse distinto pelo trabalho rapidamente se dissipou. Isso ficou particularmente evidente na reforma de Treu de 1997, que promoveu contratos de curto prazo com o objetivo de criar instabilidade e, portanto, concorrência no

---

[60] "Prodi: 'Diciotto mesi di tagli e sacrifici per guarire l'Italia'", *La Repubblica*, 30 de abril de 1996.

mercado de trabalho. Na verdade, essa ideologia de desregulamentação cruzou as diferentes tradições unidas no l'Ulivo, muito além de tecnocratas de carreira como Ciampi e Prodi. Por exemplo, Pier Luigi Bersani – antigo expoente da esquerda extraparlamentar que ingressou no PCI e em seguida no PDS, e depois foi um crítico de esquerda de Matteo Renzi – foi ministro da Indústria de Prodi, função em que liderou a privatização da companhia pública de eletricidade. Quando o Refundação finalmente retirou seu apoio a Prodi em outubro de 1998, isso levou a um novo governo (apoiado por uma divisão do PRC chamada PdPCI), no qual o líder do PDS, Massimo d'Alema, tornou-se o primeiro-ministro. No entanto, a mudança no quadro dos políticos – trazer um ex-comunista ao poder em um país da Otan pela primeira vez – não levou a uma mudança na agenda. Com a passagem de Prodi para a Comissão Europeia, D'Alema seguiu o mesmo programa de privatizações e registrou o apoio do PDS à Otan ao aderir à intervenção do Ocidente na Iugoslávia.

Poucas semanas depois de D'Alema se tornar primeiro-ministro, a Itália aderiu à união monetária conforme planejado, em 1º de janeiro de 1999, um sucesso elogiado pela maioria da corrente política dominante. Apesar das críticas subsequentes de Berlusconi ao "euro de Prodi" ou, precisamente, à tentativa da centro-esquerda de se definir contra a Força Itália nesse terreno, o bilionário tentou reivindicar parte do crédito quando a moeda única foi lançada. Isso foi particularmente evidente após seu retorno ao gabinete de primeiro-ministro em 2001. Enquanto os italianos se preparavam para começar a usar notas e moedas de euro em 1º de janeiro de 2002, Berlusconi enviou a cada família uma calculadora de conversão, acompanhada por uma carta assinada ostentando os méritos da moeda única. Porém, a "amarra externa" não apenas impôs novos imperativos à economia italiana, mas também reformulou as aspirações da centro-esquerda. Em seu papel no centro do l'Ulivo, o PDS transformou a antiga "política de sacrifícios" em uma chamada a fazer o que fosse preciso para cumprir os critérios orçamentais da zona euro. Reciclando figuras institucionais como Ciampi, Dini, Prodi e Amato (que gozou de um novo cargo como primeiro-ministro em 2000-2001), em seus primeiros cinco anos de governo, a centro-esquerda adotou a linguagem da "revolução na seriedade" – a "política de duas etapas" na qual sacrifícios imediatos abririam caminho para o bem-estar futuro.

O problema, em termos da sorte eleitoral da centro-esquerda, é que o tão alardeado bem-estar futuro nunca veio realmente. Em vez disso, o compromisso com a Europa se tornou uma espécie de significante cultural que está acima do interesse material mensurável, de fato cada vez mais decisivo para a identidade política da centro-esquerda. Presidente da República quando a Itália abandonou a lira em 2002, Ciampi falou por muitos da centro-esquerda quando anunciou a nova moeda como uma visão do tipo de país que a Itália poderia ser. Ele elogiou sua criação como um "acontecimento histórico", "a realização de um sonho", sinônimo de recuperação econômica, estabilidade monetária, taxas de juros baixas, transparência de bens e serviços e com isso maior liberdade para os consumidores, mas, acima de tudo, "o nascimento da Europa como sujeito político".[61] Essa visão era compartilhada por Giorgio Napolitano, *migliorista* do PCI de longa data, cujo livro, *Europa política*, exaltou os méritos do projeto europeu, mas condenou as recorrentes críticas da esquerda a ele. Desde a assinatura do

---

[61] "Intervento del Presidente della Repubblica Carlo Azeglio Ciampi in occasione della cerimonia celebrativa dell'immissione in circolazione dell'euro, 26 de novembro de 2001", disponível em https://presidenti.quirinale.it.

Tratado de Roma em 1957, o PCI se opunha à integração europeia, vendo-a como um cartel de Estados capitalistas ligados a interesses econômicos. Napolitano não se dignou a abordar essa reivindicação particular, mas sim insistiu que a Primeira República havia mostrado a alegada falta de "profundidade cultural e política" da Itália, que agora poderia ser encontrada no nível europeu superior.[62]

Aceitas de maneira cega por toda a grande mídia daquela época, hoje as reivindicações desses descendentes da centro-esquerda parecem não apenas pomposas, mas ricamente irônicas. Enquanto na década de 1970 o comunista Napolitano indicava os perigos que a união monetária representava para o padrão de vida da classe trabalhadora, duas décadas depois ele defendia com ardor os sacrifícios que o operariado italiano teria de fazer em nome da fidelidade ao projeto europeu. Por mais intransigentemente que as elites tecnocráticas italianas se apeguem a tais dogmas, as consequências se revelaram desastrosas para o padrão de vida da classe trabalhadora, para o crescimento e para os laços dos italianos com suas próprias instituições democráticas. Como veremos, na era da zona do euro, a Itália não apenas sofreu atrasos econômicos, mas sua população passou de um dos países mais eurofederalistas a eurocéticos. Pesquisas de 2018 mostraram que os italianos estão ainda mais insatisfeitos com a União Europeia do que os britânicos que votaram no Brexit,[63] e culpam a centro-esquerda por seus problemas. Como

---

[62] Giorgio Napolitano, Europa politica: il difficile approdo di un lungo percorso. Roma: Donzelli, 2003, p. 12.

[63] Claire Guyot, "Italy: From Pro-European to Euroscepticism", *Euroactive.fr*, 13 de março de 2018. Citando um documento de política do Institut Jacques Delors, Guyot observa: "Em 1991, 79% dos italianos expressaram opiniões favoráveis sobre a adesão de seu país ao bloco em comparação com apenas 36% no outono de 2017 (41% tinham um ponto de vista neutro)".

a própria trajetória de Napolitano mostra, a jornada da esquerda de PCI para PD foi, de fato, muito mais do que uma mera mudança de nome.

3. Um país para velhos

"Nunca planejei entrar na política", disse Silvio Berlusconi no início de 2018, enquanto se dirigia para sua sétima campanha eleitoral consecutiva. Um quarto de século antes, ele apareceu como um inovador, usando seu império privado de televisão como uma plataforma vitoriosa para a campanha eleitoral; agora, na era da internet, o homem de 81 anos se candidata mais uma vez em nome da renovação. Sua anterior destituição de do elevado cargo em 2011 se deu, afinal, por conta de uma figura ainda mais venerável: o presidente Giorgio Napolitano, já com 86 anos quando deu cabo ao último governo liderado por Berlusconi. Essas são apenas duas das faces importantes de uma sociedade gerontocrata – uma na qual os homens muito além da idade da aposentadoria estão no centro de todos os campos da vida pública, da política à mídia, nos negócios e na academia.

Sem dúvida, uma das primeiras coisas que impressiona qualquer observador da sociedade italiana é a gerontocracia generalizada. A ideia de "juventude" se estende bem além do que os britânicos considerariam meia-idade – e não apenas porque, como diria a visão de mundo de um escritor de viagens, o azeite de oliva está aumentando a expectativa de vida dos italianos. Hoje, na Itália, cerca de três quartos dos estudantes universitários vivem com os pais e a maioria dos adultos de até 35 anos permanece na casa da família. Pior ainda, eles também são tratados por seus governantes eleitos como eternos filhos, mesmo por aqueles que se passam por centro-esquerda. Giuliano Poletti, do Partido Democrático, ministro do Trabalho de 2014 a 2018, disse estar feliz com o fato de os italianos estarem deixando o país, em vez de "ficarem sob os pés" de seus pais. Nisso, ele seguiu o exemplo do secretário de bem-estar social da era da crise, Michel Martone, membro do governo tecnocrático de Mario Monti, que considerava o típico jovem de 28 anos desempregado ou sem estudos um "perdedor".[64]

Os italianos que não têm educação, trabalho ou treinamento (NEET) representam uma fatia cada vez maior da população. De acordo com dados do Eurostat de 2019, 28,9% dos italianos com idades entre 20 e 34 anos são NEETS, o que torna a Itália o país europeu com o pior desempenho: a Sicília é a região europeia com o pior desempenho (38,6% de NEETS), seguida pela Calábria (36,2%) e Campânia (a região napolitana, 35,9 %). Além de serem piores que a média da União Europeia (16,5%), da Espanha (19,6%) e da Grécia (26,8%), os números da Itália também se agravaram no período pós-crise, a par da diminuição das oportunidades de emprego para jovens de 18 a 24 anos. Com efeito, a percentagem de jovens classificados como candidatos a emprego atingiu 42,7% em 2014, quase o dobro dos níveis anteriores à crise. Isso os torna mais dependentes de suas famílias, e não apenas para moradia. Desde 2008, o número de italianos entre 25 e 34 anos que moram com os pais cresceu 10%, chegando a 51% do total.

Se respondêssemos como tantos políticos centristas, poderíamos concluir que a Itália tem uma alta concentração de "filhinhos de mamãe" ainda amarrados a cadarços de avental, uma cultura que deve estar enraizada nas regiões supracitadas. Mas, podemos então nos perguntar por que o número de jovens italianos que se mudam em busca de trabalho – especialmente do Sul assolado pelo desemprego – está agora atingindo níveis históricos. Um estudo da Svimez em 2018 mostrou que, entre

---

[64] "La provocazione del viceministro Martone: Laurearsi dopo i 28 anni è da sfigati", *La Repubblica*, 24 de janeiro de 2012.

2000 e 2016, aproximadamente 1.882.872 sulistas deixaram suas regiões de origem, em grande parte em favor do centro-norte da Itália ou outros países europeus. Na verdade, desde a crise de 2008, a taxa de emigração total da Itália saltou para 250 mil a 300 mil pessoas por ano, números nunca vistos desde a grande onda migratória inter-regional e internacional que marcou o imediato pós-1945.[65]

A ideia de que os jovens italianos são simplesmente preguiçosos ou exigentes demais para encontrar trabalho é, de forma mais visível, refutada pelo grande número de pessoas que realizam trabalhos nada invejáveis como auxiliares domésticos e cozinheiros em cidades como Londres e Berlim. No entanto, o debate político em casa – com seu veneno especial para outro tipo de migrante, aqueles que chegam à Itália – é constantemente confundido pela "falácia do trabalho fixo", ou seja, pela suposição de que há um número fixo de empregos disponíveis na economia, aos quais a população à procura de emprego deve, portanto, adaptar-se ou ser adaptada. Não se trata apenas da ilusão por parte daqueles na direita populista que insistem na necessidade de impedir que outras pessoas entrem no mercado de trabalho (evitando assim que os migrantes "tomem os nossos empregos"). Esse pensamento permeia também análises centristas que afirmam que o problema está na estabilidade do emprego dos trabalhadores mais velhos – "excluindo" os jovens italianos – ou na falta de espírito trabalhador dos próprios jovens.

O domínio de tais análises indica um profundo pessimismo cultural, em que parece impossível para os italianos fazer mais do que compartilhar os escassos recursos existentes. Essa visão é, sem dúvida, alimentada pela longevidade dos males italianos, que são muito anteriores à crise de 2008. Em cidades que sofre-

---

[65] Enrico Pugliese, *Quelli che se ne vanno*. Bolonha: Il Mulino, 2018.

ram com alto desemprego por três décadas ou mais, uma leitura de senso comum poderia facilmente conceituar um jogo de soma zero em que "não há empregos suficientes para todos", ou focar a suposta divisão cultural que separa os jovens determinados de décadas passadas de seus sucessores mais preguiçosos e caseiros do presente. No entanto, mesmo aquelas intervenções políticas que falam em empurrar mais jovens para o trabalho focam constantemente a ideia de tornar o mercado de trabalho "mais flexível". Nessa análise, os chefes (agora chamados de "empregadores") estarão mais dispostos a contratar jovens no curto prazo se souberem que isso não os sobrecarregará com custos de longo prazo.

Essa ideia se encaixa em uma concepção liberal generalizada de trabalhadores excessivamente preguiçosos que criam bloqueios no mercado de trabalho. Reveladora foi a história compartilhada nas redes sociais em 2014 do "mineiro do jazz" – um trabalhador das minas que admitiu ter passado a maior parte da carreira fingindo estar doente para ficar em casa ouvindo jazz.[66] Nesse momento, com o desemprego juvenil no auge, esse meme combinava com a visão popular da Itália como um país onde leis trabalhistas desatualizadas mantêm os preguiçosos em seus cargos, à custa de seus patrões e de outras pessoas que desejam entrar no mercado de trabalho. Essa é certamente a mensagem repetida pelos defensores da reforma do mercado de trabalho. No entanto, o paradoxo é que a Organização para Cooperação e Desenvolvimento Econômico (OCDE) considera a Itália o país que mais fez para "flexibilizar" seu mercado de trabalho desde os anos 1990.[67] Uma série de

---

[66] Hannah Roberts, "Italian Miner Takes 35 Years' Sick Leave Because He's Claustrophobic – Then Retires on Full Pension". Daily Mail, 21 de outubro de 2014.

[67] Thomas Fazi e William Mitchell, Sovranità o barbarie: il ritorno

reformas estabeleceu contratos de curto prazo como norma – com o efeito de que, desde 2000, a proporção de jovens trabalhadores contratados em contratos temporários aumentou de 26% para 67% do total.[68]

Essa "flexibilização" nada tem a ver com a criação de mais oportunidades de emprego ou com a remoção de obstáculos gerais ao crescimento econômico. Não apenas a tentativa de criar mais concorrência no mercado de trabalho foi incapaz de compensar a desaceleração geral da criação de empregos, por conta do clima de forte queda de investimentos, mas foi também parte integrante de uma ofensiva generalizada contra o padrão de vida da classe trabalhadora. Simplesmente não há evidência empírica de que tornar os contratos mais precários aumenta o nível geral de emprego na economia; e, na ausência de tal crescimento, a "flexibilidade" nada faz senão reduzir a capacidade dos trabalhadores de confiar no trabalho que já possuem. O discurso anti-União Europeia na Grã-Bretanha frequentemente se concentra na ideia de uma "burocracia" imposta por Bruxelas – regras sem sentido que restringem indevidamente os negócios. Entretanto, na Itália, são as instituições europeias e seus apoiadores locais que insistem que os direitos trabalhistas são meros obstáculos burocráticos, que impedem a "liberalização" que a moeda única pretende impor.

No Capítulo 2, notamos o declínio do discurso político da solidariedade e de soluções coletivas. Isso é mais evidente no nível da política organizada, nas novas prioridades de uma esquerda neoliberal desligada de sua base social histórica. No en-

---

della questione nazionale. Milão: Meltemi, 2018, p. 226-227.

[68] "Lavoro: per il 50 per cento dei giovani assunti il primo contratto è a tempo determinato", SIR, 25 de fevereiro de 2019. A matéria analisa o relatório da Istat intitulado "Il mercato del lavoro 2018: verso una lettura integrata".

tanto, o enfraquecimento dessa liga política corresponde a uma fragmentação mais ampla da classe trabalhadora da Itália: de fato, os atomizados e os precários dificilmente terão um forte senso de identificação de classe se estiverem sempre em competição uns com os outros por migalhas de trabalho. Mas mesmo que a face do trabalho mude, a Itália nas últimas décadas – com seu declínio nos investimentos e piora nas condições de trabalho – também gestou novos tipos de divisões de classe, ligadas à idade, educação, ocupação e propriedade. Enquanto os jovens lutam para fazer carreira na Itália – forçados à condição de desempregados precários, que cada vez mais vivem com os pais ou emigram –, seus concidadãos mais velhos e mais abastados absorvem uma parcela cada vez maior da renda nacional, baseada no aluguel.

Se a Itália tem uma estrutura de classes particularmente fragmentada, com uma alta porcentagem de trabalhadores autônomos, a triste situação dos últimos anos não se deve a alguma condição cultural eterna, mas a escolhas políticas precisas. De fato, mesmo que piorem as perspectivas de vida dos italianos, qualquer esperança de relançar os investimentos produtivos – e, portanto, de criar mais oportunidades de emprego – ficou subordinada ao dogma dos cortes orçamentários, tanto no nível das empresas privadas quanto na austeridade imposta pelo governo central. Essa situação se agravou ainda mais desde a crise de 2008, com a abjeta incapacidade de tomar medidas anticíclicas que poderiam ter rompido com o dogma da austeridade. Liderando um gabinete tecnocrático no auge da crise europeia de 2011-2013, Mario Monti, admitiu à CNN que a "consolidação fiscal" serviu para "destruir a demanda interna" – o ganho provavelmente viria em termos de "competitividade internacional", que resultaria, em última análise, na possibilidade de vender produtos italianos mais baratos em outras partes da Europa.[69]

Tal agenda conquistou para os partidos de centro poucos admiradores entre os jovens italianos. O mantra de austeridade permanente, imposto mesmo em tempos de crise e queda da demanda, transformou a economia italiana em um teatro de despojamento de ativos, em que os bens públicos são vendidos e apenas os proprietários privados de imóveis conseguem aumentar sua renda, especialmente graças ao turismo e ao Airbnb. O fato dessa agenda ter sido imposta independentemente das circunstâncias econômicas imediatas apenas ilustra a natureza intensamente ideológica desse projeto, levado a cabo mesmo à custa de aumentar o peso da dívida e minar os alicerces do crescimento futuro. Esse niilismo, incapaz até mesmo de oferecer alguma recompensa futura em troca dos sacrifícios do presente, pulverizou o padrão de vida e minou o vínculo dos italianos com a política democrática. Mais liberais do que seus pais nos costumes sociais e mais propensos a frequentar a universidade, os jovens italianos também são mais eurocéticos, menos comprometidos com partidos ou sindicatos e menos propensos a votar. São eles, não os cidadãos mais velhos e ricos que constituem o núcleo da Lega Nord, os verdadeiros "abandonados" da Segunda República.

Anteriormente examinamos a piora da sorte dos jovens italianos e o consequente crescimento do discurso de "declínio administrado". É verdade que a Itália enfrentou problemas econômicos muito antes da crise de 2008 ou mesmo de sua entrada na moeda única em 1999 – e, como já dissemos, está ainda pior do que outros países europeus. No entanto, as restrições

---

[69] "Fareed Zakaria GPS – Mario Monti, primeiro-ministro, Itália", CNN, 18 de maio de 2012, disponível em: https://youtube.com/watch?v=peac2sZXWvs.

impostas no nível europeu também impedem a Itália de fazer qualquer coisa para reduzir sua vasta dívida pública de 2,4 trilhões de euros, e não lhe deixaram nenhum meio para restaurar o crescimento a não ser buscar uma "desvalorização interna" – isto é, tornar-se mais competitiva para os mercados "internacionais" ao cortar salários. Neste capítulo, veremos como os dogmas políticos da Segunda República, aliados às amarras de pertencimento à zona do euro, têm impedido sistematicamente qualquer recuperação ou mesmo o pagamento da dívida, empurrando a Itália cada vez mais para o buraco do corte salarial, do desemprego em massa e da "consolidação fiscal". Em suma, essas escolhas impuseram um colapso histórico no padrão de vida popular e nas perspectivas de vida dos jovens.

Sem futuro para investir

Estamos interessados nas perspectivas econômicas dos jovens, em como suas condições e expectativas mudaram nas novas circunstâncias políticas. Mas a invocação normal da questão geracional na vida pública italiana tem mais a ver com demografia, estritamente concebida: uma obsessão com a queda de nascimentos, tida como um sintoma de declínio nacional. No outono de 2016, o governo liderado pelo PD proclamou o chamado "Dia da Fertilidade", na tentativa de destacar esse problema. Ele veiculou uma série de anúncios que combinavam mensagens de saúde pública sobre os efeitos nocivos do abuso de substâncias com exortações bastante rudes para os casais pararem de "esperar pela cegonha" e "se mover". Em julho de 2017, Patrizia Prestipino, expoente da direção nacional do PD, pediu "apoio às mães" para evitar a "extinção" da "raça italiana". Quando, em agosto de 2018, Luigi Di Maio anunciou a intenção de dar aos trabalhadores contratos mais estáveis, anunciou que essa estabilidade era necessária para "ajudá-los a ter filhos".[70]

Essas intervenções têm se alimentado principalmente da narrativa de que há um percentual muito alto de aposentados, uma pedra de moinho no pescoço de quem trabalha e paga impostos. Não é totalmente verdade, como argumentou o ex-líder da Lega Umberto Bossi em 2017, que cada trabalhador paga um aposentado – de acordo com os dados da Istat de abril de 2018, a Itália tem marginalmente mais de 16 milhões de aposentados (dos quais cerca de 500 mil também estão empregados), bem abaixo de 23,2 milhões de pessoas trabalhando.[71] Porém, todas as evidências sugerem que essa proporção provavelmente diminuirá nas próximas décadas, à medida que os *baby boomers* envelhecem. De acordo com o Escritório Geral de Contabilidade do Estado (que usa uma definição um pouco mais restrita de "aposentados" do que o Istat), em 2050 a população aposentada terá aumentado para 17,5 milhões, enquanto o número de italianos empregados terá caído para 22 milhões.[72] A população geral deverá encolher nas próximas três décadas, mas uma parte maior dela será de aposentados.

Essa mudança na demografia italiana, aliada à queda na taxa de natalidade, sugere uma das razões pelas quais os cidadãos têm pouca fé no futuro. Mesmo além das preocupações históricas representadas pelas mudanças climáticas, por que ter filhos em um país onde não é possível encontrar uma renda estável ou depender do Estado até mesmo para serviços básicos? Esse problema também é ampliado pela pressão da

---

[70] "Di Maio: nel Def ci sarà un capitolo famiglia", Vita, 2 de abril de 2019.

[71] "Davvero in Italia ci sono più pensionati che lavoratori?", Agi, 29 de junho de 2019.

[72] Ibid.

era de austeridade das responsabilidades de cuidado ficarem a cargo das próprias famílias. Já na década de 1990, o "equilíbrio natural" dos nascimentos em relação aos óbitos (número de habitantes, não afetado pela migração) ultrapassava um limiar histórico, uma vez que o número de italianos que morreram ultrapassou o de nascimentos. No período de crise econômica mais recente, essa situação se agravou ainda mais. Em 2018, a Itália atingiu uma nova baixa recorde no número de nascimentos: 453 mil, o que representou uma diminuição de mais de 100 mil em relação a 2008 e, pela primeira vez, os italianos na casa dos 80 anos eram mais numerosos do que os recém-nascidos. Isso nos diz que a idade média continuará a aumentar até pelo menos meados do século atual.

Ainda assim, condenar o grande número de aposentados não explica o que está acontecendo aqui. A Itália tem a quinta maior idade mediana do mundo (45,4 anos), cerca de quatro anos mais velha do que a Grã-Bretanha ou a França. Porém, está na verdade abaixo da idade média de um país de melhor desempenho, a Alemanha (47,1 anos). Um olhar mais atento sobre a estrutura etária da força de trabalho sugere que os problemas da Itália se devem menos a problemas puramente demográficos – o número de pessoas idosas ou baixas taxas de natalidade – do que à falta de oportunidades para aqueles que poderiam trabalhar. Apenas 62% dos italianos entre 20 e 64 anos têm um emprego: esse é o segundo valor mais baixo da Europa, muito abaixo da Grã-Bretanha (78,2%) e da média da União Europeia (72,2%), e ligeiramente superior ao da Grécia (57,8%).[73] Qualquer discurso político que sugira que a maneira de criar empregos para os jovens italianos é removendo os tra-

---

[73] "L'Europa del lavoro: nel 2017 tasso di occupazione (20-64 anni) al 72,2 per cento. L'Italia staccata di 10 punti si ferma al 62,3 per cento. I dati Eurostat", Quotidiano Sanità, 1º de maio de 2018.

balhadores mais velhos de seus cargos ou levantando barreiras para os migrantes é uma simples distração da necessidade de melhorar a taxa de emprego.

A principal razão para o baixo emprego é a falta de investimentos em muitos campos. Isso é particularmente evidente na baixa taxa de emprego feminino: 48,8%, um terço inferior à dos homens e a taxa mais baixa da Europa. Como na Grã-Bretanha e na Alemanha, as mulheres italianas estão sobre-representadas entre os trabalhadores de meio período (32,8% das mulheres trabalhadoras têm atividades de meio período, contra 8% dos homens empregados), mas a lacuna geral de emprego por gênero é o dobro. Isso se deve em grande parte à falta de apoio estatal para as mães, com creches para apenas um em cada cinco filhos com menos de três anos.[74] Em 2016, 78% das mulheres que deixaram seus empregos eram mães; um estudo da Inspetoria do Trabalho descobriu que, de 29.879 mulheres que deixaram seus empregos naquele ano, apenas 5.261 relataram ter encontrado um novo emprego, enquanto 24.618 deixaram o mercado de trabalho citando o cuidado das crianças ou um "difícil equilíbrio entre trabalho e vida pessoal".[75] Familiares próximos e solidariedade entre gerações simplesmente não têm dado conta do recado. Em vez disso, a divisão de gênero no trabalho doméstico, combinada com a falta de serviços de creche, torna mais difícil para as mulheres trabalhadoras ter filhos e para as mães manter empregos entre suas outras responsabilidades.

No entanto, além da falta de serviços públicos para ajudar as mulheres no trabalho, o clima de declínio de investimentos

---

[74] "Abbiamo le prove: l'occupazione femminile cresce grazie agli asili nido", Linkiesta, 28 de junho de 2019.

[75] Citado em Nadia Somma, "Donne, guadagnano meno degli uomini perché vivono in società fallocentriche", *Il Fatto Quotidiano*, 29 de janeiro de 2018.

(caindo mais de 40% desde 2008) também serve para limitar o número geral de empregos na economia. Esse problema, de fato, piorou nas crises recentes, à medida que aumentou o número de italianos perdendo seus empregos e as perspectivas sombrias para o futuro desestimulam as empresas a aceitar novas contratações. As políticas de austeridade têm desempenhado um papel importante na consolidação do desemprego de longa duração ou do subemprego. Simplificando, se as empresas italianas sobreviverem durante os períodos de recessão ao cortar custos, e o Estado não puder ou não quiser compensar a falta de investimentos, a demanda geral por novas contratações diminuirá, e mesmo os empregos que estiverem disponíveis serão desproporcionalmente em meio período ou precários. Isso também tem um efeito sobre a depressão salarial, que em 2019 ainda permanece abaixo dos níveis anteriores a 2008. Mesmo entre os altamente qualificados, a renda dos italianos com ensino superior completo é cerca da metade dos níveis alemães. O *Relatório de Planejamento de Remuneração Global 50* da Willis Towers Watson classifica a Itália em último lugar entre todos os países da Europa Ocidental.[76]

O fato de os níveis salariais da Itália estarem muito piores do que outras economias europeias não é resultado de desenvolvimentos naturais do mercado, ou de alguns problemas culturais inatos, mas de escolhas políticas conscientes. Em causa aqui não está uma simples relação entre oferta e procura, como se o desemprego reduzisse automaticamente o poder de barganha dos trabalhadores, mas sim o tipo de trabalho em torno do qual se constrói uma economia de baixo investimento, em período de desvalorização interna. Existem algumas exceções à regra, naquela que continua a ser a segunda maior

---

[76] "Jovens trabalhadores italianos estão entre os mais mal pagos na Europa", *Thelocal.it*, 17 de fevereiro de 2016.

economia industrial da Europa. A Expo realizada em Milão em 2015, que teve como foco a celebração da indústria alimentícia italiana, foi menos caricatural do que parece: a feira de 13 bilhões de euros focou, afinal, o desenvolvimento sustentável e nas novas tecnologias da agroindústria em vez de servir apenas porções generosas de vinho soave e queijo taleggio. Além da agricultura e do processamento de alimentos, a Itália possui importantes ilhas de modernização em setores como fabricação de máquinas-ferramenta, fabricação de automóveis e biotecnologia. No entanto, as drásticas disparidades regionais e os baixos investimentos significam que a indústria manufatureira italiana como um todo está em declínio em comparação com a França ou a Alemanha, enquanto o turismo se torna o único setor em forte crescimento.

Amarras externas

Esse período de baixo investimento público também se deve aos limites particulares impostos pela integração da Itália na moeda única. Nas décadas de 1990 e 2000, o crescimento italiano foi lento, mas na última década sua economia de fato encolheu. Seu fracasso (ou incapacidade) de se recuperar da crise de 2008 significa que o PIB total é agora menor do que era quando a zona do euro foi formada em 1999. Sua dívida, entretanto, cresceu muito mais, porque as taxas de juros ultrapassaram o crescimento. Em termos do investimento público, o problema deve-se em particular à vigilância dos limites de déficit do Tratado de Maastricht, que impediram o Estado de remediar a situação, enquanto diminuía o investimento privado. Os políticos italianos têm sua própria responsabilidade pela assinatura do tratado: as crenças neoliberais que ele acarreta estavam muito em voga na Itália no início dos anos 1990, como em todo o Ocidente. Mas as decisões tomadas nesse período também impuseram uma camisa de força a todos os governos subsequentes, codificando uma visão política inalterável nas regras que determinam qualquer política econômica futura.

Essa dinâmica tem sido particularmente evidente nas políticas conduzidas pelo Banco Central Europeu (BCE) desde 2008, no que diz respeito ao alívio quantitativo e à dívida soberana. Isso foi particularmente notável pela capacidade do BCE em definir o curso da política social e trabalhista italiana, impondo uma série de "reformas" em troca de breves explosões de liquidez. Embora o BCE tenha alguma liberdade para emitir ou negar liquidez, dependendo da vontade política do dia, tanto os dogmas dominantes entre os líderes europeus quanto as regras do tratado que enquadram todas as decisões impuseram um curso político substancialmente inflexível, impondo medidas de austeridade e uma maior "flexibilidade do mercado de trabalho" como soluções globais para os problemas econômicos italianos. Ainda que essas medidas para cortar investimentos e, de fato, o padrão de vida da classe trabalhadora italiana fossem a constante da política europeia – reivindicada pelas elites italianas como um remédio inevitável para a economia –, soluções alternativas como o cancelamento da dívida ou o aumento da dívida pública estavam por princípio excluídas pelo tratado. A emergência social criada pela crise não contou para nada em comparação com a manutenção das regras de Maastricht.

Qualquer narrativa de restrições externas deve ser feita com cautela, já que o período pós-crise de 2008 certamente não foi uma história do Davi italiano se opondo aos Golias europeus. Muitos dos executivos em Bruxelas que reforçaram as reformas no país eram italianos, principalmente o presidente do BCE, Mario Draghi, e os governos da era da crise em Roma eram semelhantes aos que produziram rodadas anteriores de austeridade. Em vez disso, esses eventos mostraram como uma amarra externa poderia ser usada como uma ferramenta de política interna, invocando as demandas europeias a fim de sobrepujar a tomada de decisão democrática em tempos de estresse. Isso foi particularmente ilustrado pelo destino do governo em exercício no período imediato de crise, uma coalizão de direita liderada por Silvio Berlusconi. Junto com Portugal, Irlanda, Grécia e Espanha, a Itália era um dos países mais endividados da zona do euro, e no verão de 2011 houve intensa especulação contra sua dívida soberana, o que pressionou drasticamente as taxas de juros. Se a Itália tivesse sua própria moeda, o governo teria aliviado a pressão fazendo com que o banco central comprasse títulos soberanos, mas o BCE se recusou a fazê-lo até que Roma implementasse outras reformas econômicas de seu agrado.

Como disse o diretor da Freddie Mac, Rahm Emanuel, em 2008, "nunca se deve desperdiçar uma grande crise".[77] Para os chefes do BCE, Jean-Claude Trichet e Mario Draghi, isso significava explorar a vulnerabilidade da Itália para impor suas demandas. Em 5 de agosto de 2011, eles enviaram uma carta a Berlusconi listando as medidas que ele deveria tomar para restaurar a confiança dos investidores – na verdade, condições que deveriam ser cumpridas antes de o próprio BCE intervir nos mercados.[78] O objetivo não era mitigar os efeitos da crise ou mesmo retomar o crescimento, mas sim aproveitar o momento para impor uma agenda de cortes muito mais ampla ao Estado italiano. As demandas do BCE variaram de "liberalização total dos serviços públicos locais" – incluindo "privatizações em

---

[77] Uma frase que deu título ao livro de Philip Mirowski de 2013, *Never Let a Serious Crisis Go to Waste: How Neoliberalism Survived the Financial Meltdown* [Nunca se deve desperdiçar uma grande crise: como o neoliberalismo sobreviveu ao colapso financeiro]. Londres: Verso, 2013.

[78] "ECB Letter Shows Pressure on Berlusconi", Financial Times, 29 de setembro de 2011.

grande escala" – a medidas que "reduziram significativamente o custo dos funcionários públicos, endurecendo as regras de rotatividade e, se necessário, reduzindo salários",[79] geminadas com medidas para reduzir a negociação coletiva no nível setorial (obrigando os sindicatos a negociarem empresa por empresa, enfraquecendo assim seu poder coletivo) e mecanismos automáticos que cortariam os gastos públicos em caso de "deslizes" nas metas de déficit.

Diante da intensa pressão sobre os mercados de títulos, que levaria à insolvência, o governo Berlusconi não pôde recusar as medidas. Como um comentário à carta afirma, o BCE há muito promove a privatização e os cortes de salários, pelo menos no nível das recomendações de políticas: agora a "especulação catastrófica do mercado de títulos" do verão de 2011 oferecia uma "ferramenta à prova de falhas" para fazer cumprir sua política, visto que servia como uma "arma apontada para a cabeça [do chefe de governo] que apenas o BCE poderia desarmar".[80] As demandas do BCE de fato ajudaram Berlusconi a desarmar seus oponentes domésticos, citando a pressão europeia – na verdade, apenas uma semana após a carta, ele anulou o resultado de um referendo de junho de 2011 em que 95% dos votos foram contrários à privatização dos serviços locais, com uma participação de 55%.[81] Entretanto, havia planos para uma solução bem diferente para os problemas da Itália: um novo governo "apolítico",

---

[79] A carta foi reproduzida em "Dear First Minister", *Jacobin*, 27 de novembro de 2018.

[80] Ibid.

[81] Em referendos "revogativos" desse tipo, lançados por iniciativa popular, uma participação de 50% é uma condição para a contagem do referendo. Assim, a tática mais eficaz para os oponentes da política pretendida (nesse caso, impedir as privatizações) é não votar em absoluto. A escala dessa votação, bem como de três outras no mesmo dia, no entanto, ilustrou a força do sentimento popular.

que tomaria medidas de austeridade diretamente. Exatamente como os ex-diretores de bancos Ciampi e Dini impuseram cortes na década de 1990, o ex-conselheiro da Goldman Sachs, Mario Monti, agora estava escalado para um papel semelhante.

Não há necessidade aqui de entrar nas muitas teorias da conspiração em torno da substituição de Berlusconi, ou mesmo de entreter a pretensão de que ele de alguma forma se opôs à austeridade antes de Monti ser instalado. Essa resistência nunca existiu. Mas planejamento nos bastidores certamente havia. Durante o verão de 2011, paralelamente à carta do BCE, o presidente Giorgio Napolitano trabalhou junto com Draghi e o banqueiro Corrado Passera para preparar um programa de medidas de austeridade para a Itália, que deveriam ser aprovadas por um novo gabinete.[82] A insuportável pressão de mercado sobre Berlusconi, com o aumento do *spread*, tornou impossível para seu governo continuar, com o BCE desejando salvar a Itália somente depois que um gabinete mais "confiável" fosse instalado em seu lugar. Monti foi então nomeado primeiro-ministro em novembro, com Passera como ministro da Economia, em um gabinete inteiramente composto por tecnocratas não eleitos. Notavelmente, a mudança foi confirmada no Parlamento não apenas pelo PD, mas também pelo Povo da Liberdade de Berlusconi, que apoiaram o novo governo técnico.

Criado em nome da lealdade aos parceiros europeus da Itália, o programa desse governo certamente destacou o impasse democrático que o país havia alcançado. Apoiado pelos principais partidos de centro-esquerda e centro-direita, bem como por um punhado de aliados menores, o governo Monti gozava de grande maioria no Parlamento, apesar de não ter um mandato popular para as reformas que se propunha a aprovar. Houve

---

[82] Veja a reconstrução desses eventos em Perry Anderson, "The Italian Disaster", *London Review of Books*, 21 de maio de 2014.

alguma oposição, em particular da Lega Nord, o recém-nascido Movimento Cinco Estrelas (que ainda não havia entrado no Parlamento) e a Itália dei Valori. No entanto, o governo, traduziu rapidamente os planos do BCE em leis, indiferentemente aos imperativos de desempenho normais do governo. Na verdade, o objetivo dessa administração tecnocrática não era restaurar o crescimento, mas antes implementar "medidas de reestruturação" explicitamente voltadas para a redução dos salários e da demanda interna. Para qualquer governo eleito, tomar medidas que reduziram o PIB em 2,4% em seu primeiro ano de mandato teria sido suicídio. Mas, como Monti disse à CNN, o foco de seu governo na "consolidação fiscal" estava acima de qualquer necessidade de aliviar as condições de crise.

Do ponto de vista dos tecnocratas não eleitos, esse governo foi, de fato, um sucesso, aproveitando a crise para aprovar medidas que os italianos jamais teriam apoiado em uma eleição. Houve quem encarou isso como um sacrifício hoje em troca de uma recompensa amanhã. Para o principal jornal econômico *Il Sole 24 Ore*, a carta de Trichet-Draghi representou a continuidade da estratégia dos fundadores da zona do euro Jacques Delors e Tommaso Padoa-Schioppa, implementando um regime de governança que lançaria as bases para um maior crescimento futuro.[83] Contudo, também representou uma intervenção europeia sem precedentes nos assuntos internos de um Estado-membro, testando os mecanismos pelos quais Bruxelas logo imporia severa austeridade à Grécia. As instituições da União Europeia não se afastaram das regras de Maastricht para aliviar os efeitos da crise, muito menos questionar os pressupostos ideológicos subjacentes a elas. Em vez disso, eles usaram o pe-

---

[83] Giacomo Vaciago, "La lettera da Francoforte che ha cambiato l'Italia", Il Sole 24 Ore, 3 de agosto de 2012.

ríodo de crise para consolidar mecanismos disciplinares mais profundos na economia italiana.

Tratando os trabalhadores como bebês

Monti, o homem da Goldman Sachs, personificou a reciclagem de pessoal entre o mundo das finanças, as instituições internacionais e a política interna italiana. Como Perry Anderson aponta, era irônico que um homem tão apegado à empresa que havia feito uma "contabilidade criativa" na Grécia antes de o país se tornar parte da zona do euro fosse agora apontado como representante da justiça europeia. Mas esse caso não era incomum, mesmo na história recente da centro-esquerda italiana. Depois de ajudar a redigir as regras para a moeda única, em 2006-2008 o ex-funcionário da Comissão Europeia Padoa-Schioppa assumiu um papel mais público na política interna, como ministro da Economia no governo de Romano Prodi. Aluno de Franco Modigliani no Massachusetts Institute of Technology, o "liberal keynesiano" Padoa-Schioppa pôde ocupar um cargo tão importante mesmo sem ter sido eleito para qualquer cargo porque ele era um pró-europeu comprometido com a política de privatização. Na verdade, para ele e outros, o envolvimento na política eleitoral era irrelevante para a "necessidade" das escolhas que estavam fazendo.

Monti foi particularmente franco na defesa dos aspectos menos democráticos dessa mudança. Na verdade, nunca tendo sido eleito para nenhum cargo público, ele dispensou os críticos com comentários grandiloquentes sobre os limites da tomada de decisão popular. Ele admitiu que os italianos em busca de "soluções de curto prazo" rejeitaram a austeridade, mas insistiu que ela acabaria se revelando correta. Defendendo seu protocolo em um discurso de 2014 em Paris, Monti citou o pai fundador dos Estados Unidos, Alexander Hamilton, para insistir na supremacia da experiência sobre a política democrática. Como ele disse,

> quando surgem ocasiões em que os interesses das pessoas estão em conflito com suas inclinações, é dever daqueles que eles designaram como os guardiães desses interesses resistir a decepções temporárias, a fim de dar-lhes tempo e uma oportunidade para mais reflexão.[84]

Na verdade, ele e seus ministros nunca haviam sido designados pelo povo italiano como guardiães de seus próprios interesses: seu gabinete era de tecnocratas não eleitos, cujo apoio parlamentar dependia de partidos que até então tinham sido adversários ferrenhos.

O ex-conselheiro da Goldman Sachs argumentou que sua "missão" acabaria por estar a serviço do bem-estar dos italianos: a disciplina fiscal era um "remédio benéfico para a geração mais jovem", cujos reais interesses seriam apenas "sacrificados" se ele atendesse a seus instáveis pedidos. Essa arrogância se assemelha à de comentários semelhantes de Padoa-Schioppa, quando relatou a uma comissão parlamentar de orçamento sobre medidas para "incentivar os jovens a deixar a casa dos pais". Seu governo, ao contrário do de Monti, era composto principalmente por aqueles que se passavam por partidos de esquerda – além do recém-fundado PD, a segunda força motriz era o Refundação. Mas o elemento mais significativo da intervenção de Padoa-Schioppa foi a forma como ele escolheu para descrever os supostos beneficiários de sua política, afirmando que o governo deveria garantir que os bebês grandes (crianças

---

[84] "Democracy's Conundrum: Reforms Take Time to Mature – But Voters Want Results Now", Huffington Post, 13 de maio de 2014.

que ainda chupavam chupeta) deixassem de ser dependentes dos pais.

Esses comentários de Padoa-Schioppa, administrador de banco e tecnocrata europeu de longa data, foram caracterizados como infelizes por alguns de seus colegas do PD. No entanto, eles também tiveram o mérito de fornecer uma visão sobre o que esses tecnocratas realmente pensavam da população. Para esses figurões, os italianos que reclamavam de uma queda de décadas nos salários reais ou do desemprego em massa simplesmente demonstravam sua falta de seriedade ao se recusar a engolir um remédio que estava sendo administrado em seu próprio interesse. No período de crise, em particular, tanto figuras institucionais como essas quanto políticos em ascensão nas fileiras do PD desenvolveram um claro viés elitista, constituindo seu próprio eleitorado nessa base. Diante de uma crise social dramática, os liberais pró-europeus cada vez mais abraçaram seu papel de guardiões das regras institucionais, defendendo os trabalhadores italianos contra as queixas infantis da juventude ociosa e dos partidos de oposição "populistas".

Essa reorientação das prioridades históricas da esquerda foi mais claramente ilustrada no campo da política trabalhista, em que políticos de todo o espectro acusaram os jovens de sua própria incapacidade de encontrar trabalho. Desse ponto de vista, parecia que a falta de trabalho dos jovens italianos não se devia à queda mensurável e drástica do investimento público, esfomeando a economia de fundos, ou mesmo à política publicamente declarada do governo de corte de direitos, mas sim que os jovens à procura de emprego tinham expectativas altas demais. Durante seu período como primeiro-ministro, Monti disse em 2012 que "os jovens deveriam abandonar a ideia de que terão empregos permanentes", os quais eram "enfadonhos de qualquer maneira". Da mesma forma, sua ministra do Trabalho, Elsa Fornero, insistiu que eles não deveriam ser "exigentes" sobre qual emprego conseguir, enquanto sua sucessora de centro-esquerda comentou que os italianos não pareciam "muito empregáveis" ou um "capital humano no qual investir". Em 2018, Berlusconi ofereceu o seu próprio entendimento de que os jovens "acordavam ao meio-dia, ficavam no quarto jogando no computador, jantavam e depois iam à discoteca".[85]

Esses insultos certamente ilustram o distanciamento dos políticos de jovens vítimas de receitas como "consolidação fiscal" e "destruição da demanda interna". No entanto, as políticas que as acompanham visam, pelo menos na aparência, a melhorar a situação dos jovens, ajudando-os a sair do cansaço prematuro e a entrar em uma existência mais ativa. De fato, as medidas de mercado de trabalho implementadas por todos os governos nas últimas décadas – a começar pela reforma de centro-esquerda de Treu em 1997 e a lei Biagi-Maroni de 2003, promovida pela Lega – têm sido em nome de dar mais espaço aos jovens trabalhadores. O objetivo, dizem, é remover as proteções exageradas que supostamente mantêm seus colegas mais velhos em empregos vitalícios – proteções que priorizam injustamente aqueles que tiveram a sorte de já ter encontrado empregos estáveis. Além de ridicularizar os empregos fixos como "enfadonhos", Monti também insistiu na necessidade de acabar com o que chamou de *apartheid* entre os protegidos pela legislação trabalhista e os jovens com contratos de curta duração.

Os liberais italianos costumam dizer que desejam que a vida pública seja uma demonstração de teimosa seriedade, em vez de palco de insultos e invectivas vazias proferidas por pessoas como Berlusconi ou o Movimento Cinco Estrelas. No entanto, eles demonstraram pouca energia para condenar a comparação

---

[85] Paolo Decrestina, "Disoccupazione, Berlusconi: 'I giovani si svegliano a mezzogiorno e la sera vanno in discoteca'", Corriere della Serra, 14 de fevereiro de 2018.

de Monti entre a exclusão racial e os códigos legais que protegem os trabalhadores italianos de demissões sem justa causa (na verdade, de qualquer tipo de discriminação). Em vez disso, em seu retorno ao governo após as eleições gerais de fevereiro de 2013, o PD endossou o apelo de Monti, que enquadrava o artigo 18 do Estatuto dos Trabalhadores de 1970 como um representante dos impedimentos burocráticos que favorecem o desemprego juvenil. Apresentando-se como o porta-voz da "demolição" na cruzada contra a elite idosa, o jovem premiê Matteo Renzi, que se tornou primeiro-ministro em 2014, agiu para reverter uma conquista histórica do sindicalismo italiano, que até Berlusconi havia evitado desmantelar.

Típico da mania da elite de ver tudo o que é italiano como atrasado e tudo o que é anglófono como moderno, a jogada de Renzi para dissecar o Estatuto dos Trabalhadores apareceu com um nome em inglês: *Jobs Act* [Lei do Emprego], aprovada em 2015. Embora esse projeto de lei tivesse a intenção explícita de estimular o emprego, ele seguiu o mesmo padrão ideológico básico das demais medidas de "liberalização" aprovadas pelos governos anteriores, deslocando o equilíbrio de poder no local de trabalho em benefício dos empregadores e desmantelando direitos trabalhistas históricos em nome da "flexibilidade". A Lei do Emprego prometia recompensar os "geradores de empregos" em locais de trabalho com mais de quinze funcionários oferecendo incentivos fiscais para contratos de curto prazo e legalizando demissões sem justa causa, de modo a afrouxar as obrigações legais para com os funcionários. Isso também marcou a cisão final entre o PD de Renzi e a CGIL, que viu a mudança como um ataque direto aos direitos dos trabalhadores.

Como a reforma de Treu de 1997, a Lei do Emprego do primeiro-ministro do PD prometeu aumentar o emprego geral ao fornecer uma estrutura legal para padrões de trabalho ocasionais e fragmentados. Para seus apoiadores, a reforma de Renzi teve um impacto maior do que suas antecessoras: seus aliados, como o economista Tito Boeri, anunciaram o sucesso da reforma de 2015, que teria criado "um milhão de empregos" em seu primeiro ano. Na verdade, o aumento total do emprego no período subsequente foi muito mais modesto – 800 mil em três anos – e é questionável se pode ser atribuído à reforma em si. Na verdade, esse pequeno sinal de recuperação não só manteve o número absoluto de italianos empregados abaixo dos níveis de 2008, mas também representou uma parcela menor da população total, que nesse meio-tempo havia crescido em 2 milhões de pessoas.[86] Além do verdadeiro motivo da criação desses empregos, é importante notar sua baixa qualidade: quase metade desses empregos é de contratos a curto prazo.

Um dos desdobramentos mais alarmantes nesse sentido foi o advento dos trabalhos pagos com "*voucher*" [vales], transformados em lei pelo governo de direita em 2003 com a lei de Biagi-Maroni. Emitidos em nome da luta contra o trabalho ilegal, bem como para incentivar a regularização de grupos desfavorecidos (incluindo mulheres), o pagamento com vales resgatáveis nos correios e tabacarias deveria servir para pôr as remunerações já líquidas diretamente nas mãos dos trabalhadores. No entanto, esses pagamentos são na verdade uma forma de contornar a cláusula de contrato: utilizáveis por até 30 dias, eles não estão vinculados a nenhum tipo de direito trabalhista. Marta Fana, autora de um renomado estudo recente sobre a exploração juvenil, cita o caso de um jovem de 23 anos pago com tais vales que perdeu três dedos em um acidente de trabalho. Não recebeu subsídio de doença e, de fato, não "precisou" ser

---

[86] De acordo com as estatísticas do Istat: ver "Jobs act: quali effetti ha avuto sul mercato del lavoro? L'analisi", *QuiFinanza*, 20 de dezembro de 2018. A análise discutida nesse artigo baseou-se em um estudo de dois economistas simpatizantes de Renzi.

despedido, porque nunca foi devidamente contratado.[87] Quando começaram a ser utilizados, em 2008, o governo vendeu 50 mil desses vales de 10 euros aos empregadores; esse número atingiu 24 milhões em 2012 e 69 milhões em 2014.[88]

Em suma, o efeito das políticas pós-crise tem sido o de minar a segurança contra o desemprego, o valor pago do trabalho e o investimento na criação de empregos, ao mesmo tempo que suscita uma retórica moralista que critica os jovens por não encontrarem um emprego e os idosos por manterem os seus. Como convém a essa cultura de culpa, a iniciativa de alternância entre escola e trabalho de Renzi transformou o trabalho não remunerado em uma obrigação para todos os alunos do ensino médio. Os alunos do ensino médio deveriam agora dedicar 200 horas por ano ao trabalho não remunerado, e os alunos nas escolas técnicas deveriam dedicar 400 horas, em nome de habituá-los ao trabalho. Significativamente, mesmo os anúncios do governo liderado pelo PD para o Dia da Fertilidade – insistindo que os italianos deveriam criar famílias – foram feitos por designers não pagos.[89] Não é de se admirar que os "fornecedores de empregos" estejam perdendo o hábito de pagar seus funcionários. Diante de uma greve de contratados mal pagos, os chefes da empresa de aplicativo para entrega de alimentos Foodora insistiram que trabalhar lá não deveria ser considerado um emprego de verdade, mas sim uma "oportunidade para quem gosta de andar de bicicleta, enquanto também recebe um trocado".[90]

---

[87] Marta Fana, *Non è lavoro è sfruttamento*. Bari: Laterza 2019, p. 408.

[88] 25 Ibid, p. 406.

[89] Ibid., p. 406.

[90] Giuliano Balestreri, "'Il lavoro è un'opportunità per chi ama la bici', ma soprattutto per i conti di Foodora", *La Repubblica*, 8 de outubro de 2016.

Estrada para lugar nenhum

Não há evidências de que uma maior flexibilidade de emprego realmente estimule a criação de empregos – de fato, estudos acadêmicos mostraram o contrário.[91] A edição de 2016 do *Employment Outlook*[92] da OCDE determinou que facilitar a dispensa de trabalhadores não teve efeitos estatisticamente significativos nos níveis de emprego gerais; embora estimule as contratações em tempos de crescimento econômico, tem efeitos negativos em tempos de crise. Ao mesmo tempo, há também evidências convincentes de que tornar as condições dos trabalhadores mais precárias na verdade tem um impacto negativo sobre o crescimento da produtividade,[93] não apenas por minar o compromisso dos trabalhadores com o trabalho, mas também por aumentar a importância econômica relativa dos setores mais dependentes de mão de obra de baixa renda e baixa qualificação. Na verdade, a redução dos salários dos italianos – com até mesmo os graduados ganhando quase metade do salário de seus colegas alemães[94] – encorajou as empresas a contar com

---

[91] Riccardo Realfonzo e Guido Tortorella Esposito, "Gli insuccessi nella liberalizzazione del lavoro a termine", Economia e Política, 13 de maio de 2014.

[92] OCDE, Employment Outlook 2016, disponível em: https://oecd-ilibrary.org.

[93] C. J. Lasinio e G. Vallanti, "Reforms, Labour Market Functioning and Productivity Dynamics: A Sectoral Analysis for Italy", MEF Working Papers n. 10, setembro de 2013, citado em Thomas Fazi e Bill Mitchell, Sovranità o barbarie, p. 227.

[94] De acordo com o *Relatório de Planejamento de Remuneração Global 50* de 2016 da Willis Towers Watson, citado em "Jovens trabalhadores italianos estão entre os mais mal pagos na Europa", *Thelocal.it*, 17 de fevereiro de 2016.

mão de obra barata em vez de investir em outras formas de economia de mão de obra.

Em meio a uma queda histórica nos níveis salariais e de emprego, o declínio dos investimentos tornou-se, de fato, uma espécie de cultura nacional. Isso se deve em particular ao desmantelamento, na década de 1990, do Instituto de Reconstrução Industrial (IRI), uma agência pública há muito responsável pelo próprio tipo de investimento estratégico que os capitalistas privados se mostraram incapazes de fornecer. Como mostrou a pesquisa do economista Simone Gasperin, na década de 1970, os órgãos estaduais IRI e Eni eram responsáveis por 30% de todos os gastos com pesquisa e desenvolvimento (P&D) (o IRI também esteve quase duas vezes mais empenhado nos mercados internacionais do que a economia italiana como um todo);[95] no entanto, sua liquidação não produziu um aumento correspondente no investimento privado. Na verdade, entre 1995 e 2015, os gastos italianos em P&D foram apenas cerca de metade dos gastos da França ou da Alemanha. Essa situação agravou-se particularmente graças à austeridade desastrosa e contraproducente dos anos posteriores a 2008, em que o investimento público direto como um todo caiu cerca de 40%.

Como vimos, sucessivos primeiros-ministros italianos do centro neoliberal prometeram fazer da Itália um "país normal", impondo reformas liberalizantes em nome da "modernização". No entanto, eles estão viabilizando políticas que limitam o crescimento econômico ao que parece ser uma forma um tanto "atrasada": rentistas ganhando dinheiro com dívidas e despoja-

---

[95] Simone Gasperin, "Riuscire a riveder le stelle? Uno sguardo al passato per un Rinascimento economico italiano", em Samuele Mazzolini (org.), I giovani salveranno l'Italia. Come sbarazzarsi delle oligarchie e riprenderci il futuro. Reggio Emilia: Imprimatur, 2018.

mento de ativos. Como escreve Marta Fana, a idade média das máquinas nas fábricas italianas – 12 anos e seis meses – nunca foi tão alta, enquanto desde a crise de 2008 os investimentos em ativos fixos diminuíram 27%.[96] Entre 1981 e 1995, a produtividade italiana acompanhou a média europeia. No entanto, desde então, na ausência de uma política industrial ou de investimento, a situação tem sido muito mais negativa, o que aparece como uma falha lamentável até mesmo na conta do próprio Banco da Itália:

> Entre 1995 e 2015, a produtividade manufatureira cresceu a uma taxa média anual de 4,7 na França, 2,9 na Alemanha, 1,8 na Espanha e 1,2 na Itália. No setor de serviços, os valores são: 1,1 na França, 1,6 na Alemanha, 0,1 na Espanha e –0,1 na Itália.[97]

Sabendo o preço de tudo e o valor de nada, as elites italianas passaram, de fato, as últimas três décadas despojando o país de ativos e arruinando os serviços mais básicos. Uma olhada no mapa das redes ferroviárias do país nos dá uma ideia do que isso realmente significa. A ferrovia estatal Trenitalia demonstra que a Itália pode, de fato, ter infraestruturas de primeira linha: as "flechas" (*frecce*), trens de alta velocidade que conectam as principais cidades do centro-norte da Itália, são limpas, eficientes, rápidas e de fato menos caras do que serviços semelhantes ou piores na Grã-Bretanha ou na França. Mas esses trens do tipo Eurostar estão completamente em desacordo com o que a maioria dos cidadãos tem de aguentar em seu trajeto diário, desde os trens regionais superlotados e quentes que (muito lentamente) os transportam pela Itália

---

[96] Marta Fana, *Non è lavoro è sfruttamento*. Bari: Laterza, 2019, p. 1.342.

[97] Banca d"Italia, *Productivity Growth in Italy: A Tale of a Slow-Motion Change*, Occasional Paper n. 422, janeiro de 2018.

provincial até os ônibus velhos e sujeitos a intempéries que chegam aproximadamente a cada meia hora nas principais linhas que cruzam Roma.

O sinal mais alarmante da ruína da infraestrutura italiana veio em 14 de agosto de 2018, com o colapso da Ponte Morandi, uma ponte rodoviária que atravessa o coração de Gênova. Ocorrendo apenas um dia antes do tradicional feriado de 15 de agosto, o desastre causou cerca de 43 vítimas fatais, de viajantes a turistas. Entre os escombros, encontraram um baldinho e uma pazinha. O pior de uma série de incidentes similares nos últimos anos, o desastre da Ponte Morandi também ilustrou de forma alarmante os fracassos da privatização, após três décadas de infraestrutura nacional vital sendo vendida à melhor oferta. A concessão da empresa pública de rodovias Autostrade per l'Italia, privatizada pelo governo de centro-esquerda liderado por D'Alema em 1999, tornou-se, após o desastre, sinônimo de abandono. Posteriormente ratificada no Parlamento pela Força Itália e pela Lega Nord, a privatização gerou enormes lucros com pedágios em estradas mal conservadas.

De acordo com dados da OCDE, a Itália, que investiu 13,66 bilhões de euros em estradas em 2007, reduziu os investimentos para apenas 3,39 bilhões de euros em 2010, antes de subir para 5,15 bilhões de euros em 2015 – ainda apenas metade dos níveis da Alemanha, França ou Reino Unido. Isso deve ser entendido como parte de um declínio dramático do investimento público. A tragédia é que, embora partes da infraestrutura da Itália estejam visivelmente desmoronando e o país lute para se recuperar da crise, fundos escassos são continuamente canalizados para projetos de elefante branco que atendem mais a empreiteiras (e, em alguns casos, aos políticos ligados a elas) do que conduzem efetivamente à prestação de serviços públicos. Porém, mesmo quando os movimentos sociais criticam o planejamento de tais projetos, carecendo de uma perspectiva reformista própria, eles raramente articulam uma visão alternativa no nível da política nacional.

Dada a obediência do PD aos dogmas do orçamento equilibrado e baixo endividamento, é extremamente irônico que o partido tenha podido reivindicar o encargo dos investimentos públicos. No entanto, no período pós-crise, grandes obras – o tipo de projeto de infraestrutura que poderia ajudar a tirar a Itália de seu torpor – se tornaram um para-raios para o descontentamento. O epítome disso é a centralidade do discurso do movimento de protesto contra o TAV, a ferrovia de alta velocidade projetada para ir de Turim a Lyon. Ela é acusada não só de perturbar a vida de comunidades que teriam de suportar o impacto da linha, mas também de desviar a atenção de projetos dignos. No entanto, um pessimismo mais profundo sobre o investimento público é visível na oposição dos movimentos sociais.[98] Não é de se admirar que proeminentes ativistas anti-TAV tenham insistido que a Itália já está "excessivamente coberta com infraestrutura", ou mesmo declarado, antes do colapso da Ponte Morandi, que não havia necessidade de construir estradas alternativas.

Na Itália, muitas vezes é difícil falar sobre infraestrutura em ruínas sem cair em um velho discurso de decadência – o outrora grande país não mais administrado adequadamente pelas gerações mais jovens. É nessa chave que o desabamento da Ponte Morandi pôde ser apresentado quase como uma catástrofe natural, um motivo de tristeza e não de indignação

---

[98] Conferir a notável condenação geral da construção de novas infraestruturas em Roberto Bui, "Non c'è lotta al negazionismo climatico senza lotta contro le 'grandi opere'", *Jacobin Italia*, 27 de agosto de 2019. Para uma perspectiva diferente, ver Simone Gasperin, "Autostrade ai privati. Come invertire la marcia", *Jacobin Italia*, 13 de novembro de 2018.

para com os responsáveis.[99] Quando, no primeiro aniversário do desastre, em agosto de 2019, as famílias das vítimas criticaram a falta de resposta política – sublinhando a incapacidade do governo de tirar o controle dos proprietários privados da Autostrade per l'Italia, como havia inicialmente prometido –, Matteo Salvini repreendeu essas críticas, como se seus comentários "politizados" tivessem pisoteado o silêncio solene devido aos mortos. De fato, apesar dos muitos fracassos de uma Itália sem investimento, trabalho remunerado ou controle democrático da economia, as respostas políticas à crise raramente levantaram a possibilidade de um papel renovado para o setor público.

Em vez disso, a Itália é dominada pelo culto do pessimismo: a crença de que os melhores dias do país ficaram para trás e que os jovens que desejam seguir uma carreira deveriam se mudar para o exterior. Como veremos adiante, com a corrupção de longa data da elite e projetos "elefante branco" fracassados, muitos italianos veem as novas promessas de gastos com infraestrutura apenas como outra maneira de os políticos encherem seus bolsos. Mesmo em face do baixo crescimento e das estradas e ferrovias decrépitas, os movimentos sociais de hoje estão mais propensos a tentar bloquear novos projetos de construção do que a exigir novos investimentos públicos. Isso não os identifica necessariamente com a direita populista – na verdade, a própria Lega há muito é aliada dos magnatas da construção em seu próprio coração no Norte. Mas, para que esse partido subisse ao centro da política nacional, primeiro teria de ser levado ao poder por outra força, uma que melhor representasse o descontentamento em massa da era pós-crise.

---

[99] Analiso a política de cortes de gastos com infraestrutura em "L'Italia non regge", *Internazionale*, 24 de agosto de 2018, em inglês como "Hanging Over the Edge", *Jacobin*, 17 de agosto de 2018.

Essa força foi o outro grande forasteiro que surgiu na era da Segunda República: o Movimento Cinco Estrelas.

4. Enviem os palhaços

Até agora, explicamos como as classes populares não apenas se distanciaram dos velhos partidos, mas perderam sua voz política. A destruição da Primeira República não fortaleceu o engajamento democrático, mas antes acelerou a colonização da vida pública por elites cujo poder estava enraizado em outros campos, de barões da imprensa a juízes e tecnocratas. Combinado com a consolidação da ordem de Maastricht, o efeito foi que o leque de decisões sujeitas ao controle popular encolheu à medida que as formas de política se tornaram mais verticais e menos baseadas na participação de massa. No entanto, mesmo que o foco do debate público tenha se afastado das questões de redistribuição social, os efeitos materiais das decisões políticas têm sido evidentes no declínio do padrão de vida das classes populares. Já visível desde o início dos anos 1990, esse estreitamento da escolha democrática e econômica atingiu seu clímax na era da crise de 2008, quando um gabinete de tecnocratas não eleitos implementou medidas de austeridade com o apoio da maior parte tanto da centro-esquerda quanto da centro-direita. Isso dramatizou tanto a crise de representação quanto o sentimento de impotência da maioria social para alterar suas condições.

Até agora, focamos a atenção no esvaziamento da esquerda, na transformação do antigo Partido Comunista em uma força neoliberal e pró-europeia cada vez menos ancorada nas classes populares. Porém, se isso de alguma forma explica o vazio desse lado do espectro político, dificilmente esgota as razões para a ascensão da direita populista. Na verdade, a extrema volatilidade do sistema partidário italiano – tanto a ala direita quanto a ala esquerda da política – também se deve à fragmentação dentro do que alguns analistas chamam de "bloco dominante". Com isso, referem-se ao colapso, a partir do final da década de 1970, das alianças políticas de classe em torno das quais historicamente se organizou a agenda institucional e econômica vigente. Nesse sentido, podemos extrair percepções particularmente úteis do trabalho dos economistas Bruno Amable e Stefano Palombarini.[100]

Sua interpretação parte da existência de um bloco dominante liderado pelos democratas-cristãos, no período após a Segunda Guerra Mundial. Esse bloco não se reduzia às classes dominantes, mas incluía uma base social mais ampla, unindo capitães da indústria e funcionários da burocracia estatal, italianos dependentes da receita do Estado, proprietários e funcionários de pequenas e médias empresas (PMEs). No entanto, na década de 1980, com a desaceleração do crescimento do pós-guerra, o advento da integração monetária europeia e a mudança para uma economia cada vez mais baseada em dívidas, esta última categoria foi expulsa do bloco dominante. Isso foi particularmente evidente no Nordeste da Itália, onde as PMEs integradas nos circuitos comerciais alemães foram duramente afetadas pelo aumento das taxas de juro e pela sobrevalorização da lira. Embora a ascensão de uma economia centrada na dívida tenha beneficiado os interesses financeiros e de cobrança de aluguéis, isso intensificou as rachaduras dentro do bloco dominante, que foi incapaz de fazer convergir seus interesses fragmentados em torno do projeto europeu e da política de estabilidade monetária. Nessa leitura, a dimensão especificamente europeia desse tumulto fez com que a revolta eleitoral expressa na Lega Nord

---

[100] Bruno Amable e Stefano Palombarini, "The Bloc Bourgeois in France and Italy", em Hideko Magara (org.), *Economic Crises and Policy Regimes*. Londres: Edward Elgar, 2014, p. 177-216.

e no Movimento Cinco Estrelas surgisse não em oposição ao neoliberalismo, mas no terreno da soberania nacional.[101]

Esses argumentos retratam o neoliberalismo italiano como uma revolução parcialmente concluída, uma transição sem uma base social majoritária, mas transversal em seus efeitos políticos, moldando assim também os pressupostos ideológicos dos partidos "forasteiros". A narrativa de Amable e Palombarini é particularmente pertinente para a compreensão da ascensão inicial da Lega Nord – cujas primeiras expressões nos anos 1980 combinavam o regionalismo com uma oposição ao Estado italiano central e a favor do corte de tributos. Entretanto, também é importante notar que as formas particulares que o apelo à "soberania" assumiu são extremamente variadas e estão longe de ser simplesmente definidas ao longo de um eixo nacional ou antieuropeu. A mesma análise dos economistas destaca os fatores econômicos endógenos ítalo-internos subjacentes ao colapso da velha aliança de classes e, portanto, rejeita qualquer leitura que simplesmente se concentre nas restrições impostas "por Bruxelas". No entanto, isso também levanta a necessidade de compreender a natureza contraditória e volátil dos partidos insurgentes que nasceram após o colapso da Primeira República – evidente nas muitas ideias diferentes de soberania e controle democrático sobre as quais foram construídos. Isso é o que faremos nos Capítulos 4 e 5, estudando os dois partidos insurgentes: primeiro o M5S, depois a Lega.

Quando esses partidos formaram uma coalizão governante em junho de 2018, muitos meios de comunicação internacionais não foram capazes de explicar um híbrido tão estranho.[102]

---

[101] Stefano Palombarini, "Il liberismo autoritario", *Jacobin Italia*, 25 de julho de 2019.

[102] "Um novo governo bizarro toma forma na Itália", *The Economist*, 24 de maio de 2018. Esse artigo também se referiu à "primeira coalizão

Essa perplexidade deveu-se à sensação de que essas forças eram politicamente muito diversas, mas cujo avanço encarnou o mesmo momento de revolta dos eleitores. Muitas vezes, isso assumiu a forma de projetar divisões internas esquerda-direita na Itália: o programa *Newsnight* da BBC comparou o acordo a um pacto entre o Momentum e o Partido da Independência do Reino Unido, enquanto a imprensa francesa centrista especulava sobre a possibilidade de um pacto semelhante entre o populista de esquerda Jean-Luc Mélenchon e Marine le Pen à extrema direita. Analistas mais informados, como Jacopo Iacoboni, do *La Stampa*, rejeitaram essa caracterização de "esquerda" do M5S, apontando, em vez disso, para as questões eurocéticas e conspiratórias defendidas por ambos os partidos. Outros ainda ressaltaram os obstáculos que esses partidos superaram para concluir tal pacto: nas eleições, a Lega se aliou à Força Itália, mas o partido de Berlusconi foi a única força com a qual o M5S recusou qualquer negociação pós-eleitoral, amparados em um discurso anticorrupção. Mas a escolha de aliados não foi o único fator que levantou barreiras entre os insurgentes. Marco Revelli sugere que eles na verdade incorporam dois populismos opostos, cada um reunindo um tipo diferente de "povo" contra as odiadas "elites". Na sua leitura, o M5S mais sulista e proletário expressou a revolta dos "excluídos", enquanto a Lega Nord, burguesa e mais nortista, representou aqueles que haviam sido incluídos no bloco dominante, mas que agora sentiam que sua posição estava em perigo.[103]

Um olhar mais atento sobre o tipo de italianos que votaram no M5S em março de 2018 sugere que a interpretação de Revelli de alguma forma explica a realidade. Nas eleições de 2018, o

---

totalmente populista" da Europa.

[103] Marco Revelli, *The New Populism: Democracy Stares into the Abyss*. Londres: Verso, 2019, p. 163-195.

M5S terminou em primeiro ou segundo lugar em cada região, mas se saiu particularmente bem no Sul: sua votação de 44,4% na metade inferior da península pintou a faixa de território de Abruzzo à Sicília em um amarelo estelar quase uniforme. Na época da Primeira República, o domínio dos democratas-cristãos no Sul consistia em operações de mecenato de roubo de votos, com base na apropriação privada de fundos públicos. Para aqueles que viam o Estado italiano como uma fonte potencial de esmolas, a promessa do M5S de pagamentos de bem-estar social para quem procurava emprego parecia a última iteração de um modelo mais antigo. Mas outros duvidaram de que esse resultado pudesse ser atribuído ao mero clientelismo, quando expressava claramente a sede de representação política em partes da Itália duramente atingidas pelo desemprego e pela emigração em massa. Para o sociólogo Domenico de Masi – então próximo do partido de Luigi Di Maio – isso mostrava que o M5S havia se tornado "a nova força social-democrata da Itália, o partido das periferias, dos desempregados, dos trabalhadores, do Sul. Ele reúne a mesma base social que já foi a de Berlinguer [dirigente Partido Comunista Italiano]".[104]

Na análise de Amable e Palombarini, isso poderia ser interpretado como uma indicação de que o M5S representa aqueles extratos sociais que já estavam fora do bloco liderado pela DC na Primeira República – o que Revelli chama de "excluídos". No entanto, mesmo além da capacidade do M5S de conquistar pequenas partes da antiga base democrata-cristã (a SWG estima que em 2018 o partido foi apoiado por 18% dos antigos eleitores da DC), também vale a pena questionar o conteúdo mais profundo – as demandas materiais, valores culturais e identidade política – da revolta eleitoral consubstanciada pelo M5S. Além

---

[104] Andrea Carugati, "M5S come il Pci di Berlinguer, al Sud ha conquistato i proletari", *La Stampa*, 6 de março de 2018.

disso, pelo menos até o Compromisso Histórico de meados da década de 1970, a oposição do PCI ao bloco dominante baseava-se não apenas em uma base de classe específica, no sentido sociológico, mas também em um conjunto alternativo de valores, centrado na primazia do bem público em detrimento da propriedade privada. Nessa perspectiva antissistêmica, fenômenos como inflação e desemprego eram tratados não como problemas acessórios aos quais cada governo deveria reagir, mas sim como deficiências estruturais do capitalismo, das quais sua base deveria ser protegida a qualquer custo.[105] Como veremos, embora o M5S seja *antiestablishment* em sua retórica – insistindo em sua diferença com os "partidos" – ele não é tão antissistêmico no sentido de promover um conjunto alternativo de valores ou prioridades econômicas. Sua oposição à ordem hegemônica é limitada ao terreno da representação – às formas da própria política, em vez da organização mais ampla da sociedade.

O perfil pessoal de Luigi di Maio, forasteiro da arena política, que se tornou líder do M5S em 2017, ilustra bem isso. Com certeza, di Maio parecia muito mais com os italianos que foram vítimas da austeridade do que com um político comum. Antes de entrar no Parlamento, ele nunca tivera um emprego (exceto em uma temporada vendendo em que vendeu lanches no estádio de futebol de Nápoles), e até havia abandonado a faculdade. No entanto, Di Maio sublinhou que essa condição de precariedade na verdade se estendia para além das divisões de classe anteriores, com todos os "cidadãos comuns" sendo vítimas da mesma situação. Como ele afirma, "um trabalhador também é um pouco empregador, assim como um empregador também é um pouco trabalhador". Ainda que tenha atribuído essa frase ao pai

---

[105] Esse tema é abordado de forma interessante por Michael J. Sodaro, "The Italian Communists and the Politics of Austerity", *Studies in Comparative Communism*, v. 13, n. 2-3, 1980, p. 220-249.

– um militante de extrema direita –, isso também caracterizou a tentativa do M5S de representar uma força "transversal", pós-política, deslocando os termos do conflito político do terreno socioeconômico para uma pura questão de representação. Para o M5S, o embate fundamental não é entre classes, entre Norte e Sul, nem mesmo entre a Itália e a União Europeia, mas entre os cidadãos e a política como um todo.

Desde o seu início, o M5S foi, então, tanto uma reação contra a perda por parte das classes populares de sua posição anterior como um contrapeso ao bloco dominante, capaz de fazer valer suas próprias reivindicações materiais distintas, quanto uma radicalização dessa mesma perda. O período de crise econômica de 2008, quando esse déficit democrático era mais evidente, proporcionou as circunstâncias ideais para uma revolta nas urnas. Ainda assim, o movimento de Beppe Grillo construiu seu apelo não no desafio da agenda econômica hegemônica ou da defesa de um interesse de classe particular, mas sim na promessa de remover as hierarquias construídas em torno do próprio poder político. Como afirmou o fundador do M5S em entrevista à revista *Time* em 2013, seu objetivo não era se tornar o maior partido, mas sim destruir todos os partidos, em um "movimento" que faria "cidadãos virarem o Estado". Em mais de duas décadas de turbulência, a alternância entre centro-esquerda e centro-direita presidiu uma agenda econômica indiscutível, culminada pelo governo Monti em 2011-2013. Diante dessa crise, o M5S ofereceu aos italianos a vantagem de votar pela eliminação de toda a "casta" política e da mídia, qualquer que fosse a filiação dos detentores do poder e quaisquer que fossem os vários interesses materiais dos próprios eleitores.

Foda-se o PD

É fácil encontrar precedentes para a perda de confiança dos italianos em seus líderes políticos – e, de fato, para a perda de confiança dos líderes políticos nos italianos. Para os afeitos à História, o 8 de setembro lembra o dia infame de 1943 quando o rei e primeiro-ministro Pietro Badoglio fugiu da capital, abandonando Roma diante da invasão alemã sem dar ordens ao exército sitiado. Na tentativa de invocar as traições das elites mais contemporâneas, em 2007 Beppe Grillo escolheu o aniversário de 8 de setembro para seu "*Giornata del Vaffanculo*" (Dia do Foda-se, ou Dia V), uma série de comícios organizados em toda a Itália para exigir a limpeza da política. Lançado por meio de um apelo no blogue do comediante, o Dia V foi organizado em nome de uma petição para proibir condenados de concorrer ao Parlamento e limitar os deputados a um máximo de dois mandatos. O suposto apoio dos organizadores ao projeto de lei de iniciativa popular – cerca de 336.144 assinaturas – destacou a extensão da rede de membros de Grillo, dois anos após o lançamento de seu blogue, *beppegrillo.it*.

A criação desse blogue em 2005, em colaboração com o consultor de internet Gianroberto Casaleggio, marcou de fato uma espécie de retorno do deserto para Grillo. Depois de uma polêmica em 1986, envolvendo o primeiro-ministro Bettino Craxi, ter colocado o comediante em maus lençóis na RAI, ele só fez aparições esporádicas em seus canais: sua recusa em aparecer em redes ligadas ao grupo Mediaset de Silvio Berlusconi ou Rupert Murdoch diminuiu ainda mais sua presença em cozinhas e salas de estar italianas na década seguinte. No entanto, além de continuar a percorrer os teatros de todo o país, na virada do milênio, Grillo foi uma presença regular nos protestos de rua contra o ex-aliado de Craxi, Berlusconi. Embora o comediante às vezes tenha apoiado iniciativas da esquerda radical – como causas ecológicas ou protestos contra o envolvimento da Itália na guerra do Iraque em 2003 –, a mensagem dominante de seu blogue era um ataque à corrupção na vida pública e à chamada "casta" dos políticos enchendo os próprios bolsos, aliado a uma denúncia viva do politicamente correto.

Esses movimentos não impuseram uma poderosa agenda positiva própria, mas antes internalizaram a perda de grandes visões estratégicas da esquerda. Sob a Segunda República, a esquerda radical voltou-se para políticas extrainstitucionais, por exemplo, a criação de centros sociais (espaços ocupados, muitas vezes em edifícios abandonados), campanhas antidesenvolvimentistas ou ativismo focado em estilos de vida alternativos. Tipicamente construído em torno de ambientes consolidados de extrema esquerda, o surgimento de tais atividades aliou-se ao surgimento de uma desconfiança geral em projetos de tipo keynesiano e à possibilidade de reforma do Estado, concebendo, em vez disso, uma ação política com base na resistência aos poderosos. Mesmo quando partidos como o PRC apoiaram governos da centro-esquerda neoliberalizada, eles tenderam a deixar grandes questões de transformação econômica para as forças mais centristas, definindo defensivamente sua agenda em termos de "resistência". Somam-se a isso os movimentos de rua inspirados principalmente pela militante oposição a Berlusconi e críticos da esquerda institucional por não ter conseguido combatê-lo de maneira mais eficaz. De modo típico, Nanni Moretti estava na vanguarda do *girotondi*, um movimento abertamente não partidário que buscava avançar a resistência "cidadã" a Berlusconi, em nome da defesa da legalidade, da Constituição e da transparência da informação.

Esses movimentos não apenas falharam em derrubar Berlusconi, mas também falharam em construir estruturas políticas duradouras. Mas, à medida que Grillo construía sua presença *on-line* – o que a revista *Time* rotulou como uma das sensações da mídia de 2006 –, a perspectiva de uma mudança em direção à atividade política convencional começou a se desenvolver. Isso foi experimentado principalmente por meio do uso do site de mídia social *MeetUp*, por meio do qual dezenas de grupos locais de "Amigos de Beppe Grillo" foram formados. Enquanto a imprensa rapidamente especulava que o verdadeiro objetivo do comediante era criar um novo partido, ele inicialmente tendeu para uma ênfase em "cidadãos" e listas independentes, que permaneceram abertamente autônomas de seu blogue. Grillo se absteve das eleições gerais de 2008, mas seus "Amigos" se candidataram tanto na votação regional da Sicília quanto na competição local em Roma, com resultados percentuais baixos, de um dígito. Nas eleições europeias de junho de 2009, o movimento marcou maior presença com o apoio de dois candidatos independentes eleitos para o Parlamento de Bruxelas: Sonia Alfano (uma das candidatas que concorreu na votação regional da Sicília) e o magistrado antimáfia Luigi de Magistris.

No entanto, esse não era o limite das ambições de Grillo. Enquanto as eleições europeias permitiam uma ampla medida de representação proporcional, oferecendo mais oportunidades para partidos e listas menores, o sistema de eleições internas na Segunda República há muito favorecia a consolidação de dois blocos rivais divididos no eixo esquerda-direita. Como vimos, isso significava que mesmo forças abertamente mais radicais, como o PRC ou a Lega Nord, enfrentavam uma luta entre estabelecer-se separadamente – mobilizando seus votos de identidade, mas também sendo afetadas pelos votos táticos – ou ingressar em uma coalizão mais ampla, muitas vezes ao custo de não serem capazes de impor sua própria agenda específica ao cenário político geral. As reformas eleitorais que consolidavam essa lógica serviram, assim, de cola para as coalizões de centro-esquerda e centro-direita, mesmo após o desaparecimento dos contêineres políticos da Primeira República. Por isso, Grillo tentou a princípio mudar o bloco de centro-esquerda por dentro, anunciando que seria candidato às primárias do PD em 2009.

A resposta do PD a Grillo foi seca, rejeitando de cara que ele concorresse a suas eleições internas. Isso era razoável, dada sua duvidosa lealdade à sua causa. De fato, o partido destacou que a recente escolha de Grillo de apoiar candidatos rivais do PD mostrou que, em caso de derrota, dificilmente se poderia esperar que ele apoiasse qualquer um que emergisse como o vencedor. No entanto, Grillo não havia perdido nada nessa transação. Em um discurso agora infame, o ex-secretário do Partido Democrático Piero Fassino disse à *La Repubblica TV* que "se Grillo quiser entrar na política, ele deve criar um partido e concorrer às eleições – e veremos quantos votos ele consegue".[106] Esse belo conselho repercutiria catastroficamente contra o PD. Na verdade, a sinceridade de Grillo em se envolver com os democratas estava longe de ser certa. Mas Casaleggio explorou implacavelmente essa decisão para comunicar outra mensagem: os partidos do *establishment* temiam seu "movimento" e não estavam dispostos a oferecer aos eleitores de esquerda uma escolha justa entre Grillo e outros candidatos.

O recém-fundado movimento de Grillo também teve apoio, ou uma condescendência mínima, de outras figuras públicas cujas relações com a esquerda estavam tensas, apesar de sua causa comum contra Berlusconi. Um exemplo nesse sentido foi o dramaturgo Dario Fo, com sua esposa, Franca Rame, asso-

---

[106] Apenas um pequeno clipe dessa intervenção de 2009 ainda está disponível *on-line*, em artigos posteriores comentando sarcasticamente a "profecia" de Fassino: ver, por exemplo, "La prima profezia di Fassino: 'Grillo fondi un partito, vediamo quanti voti vincula'", *La Repubblica*, 12 de maio de 2015.

ciada à esquerda extraparlamentar dos anos 1970, e um importante defensor dos presos políticos. Embora ambos estivessem associados ao populismo judicial do período da Segunda República (Rame foi até candidata à liderança do partido Itália dos Valores, fundado por Antonio Di Pietro), foi Fo quem se tornou um rosto de destaque do M5S, em sua primeira campanha eleitoral política em 2013, apoiando tanto seus candidatos quanto os da Revolução Civil, frente criada pelo PRC e liderada pelo juiz antimáfia Antonio Ingroia, que imitou grande parte da agenda de Grillo. No mesmo ano, Fo publicou um livro com Casaleggio e Grillo no qual desempenhou o papel de um cético de esquerda convertido ao M5S.[107] Outro personagem do gênero, menos decididamente de esquerda no passado, foi Marco Travaglio, o mais famoso jornalista investigativo da Itália e, em 2009, cofundador do *Il Fatto Quotidiano*.

Il Fatto Quotidiano nunca foi órgão do M5S e, ao contrário do movimento de Grillo, procurou conquistar um nicho na mídia mais convencional: a imprensa. No entanto, além de fornecer uma cobertura relativamente favorável ao M5S, também capturou algo do mesmo espírito *antiestablishment*, particularmente por meio da ideia de criar um novo veículo de baixo para cima que pudesse desafiar a casta dominante. Seu avanço contrastava especialmente com o destino do jornal em que Travaglio havia trabalhado até então, *l'Unità*. Fundada por Antonio Gramsci em 1924, *L'Unità* havia muito tempo era a porta-voz do PCI e estava intimamente ligada aos partidos que o sucederam desde 1991, do PDS ao DS e ao PD. Travaglio e seu colaborador Peter Gomez lamentaram a perda gradual de tom crítico do jornal até mesmo em relação a Berlusconi no livro *L'Inciucio* [As suturas], de 2005, que documenta como os líderes do DS derrubaram o

---

[107] Dario Fo, Gianroberto Casaleggio e Beppe Grillo, *Il Grillo canta sempre al tramonto*. Milão: Chiarelettere, 2013.

editor Furio Colombo enquanto recusavam-se a agir contra o próprio império midiático do magnata bilionário. Com *Il Fatto Quotidiano*, pretendiam oferecer uma reprovação destemida dos poderosos, liberta dos limites da política partidária.

Aparecendo pela primeira vez em setembro de 2009, *Il Fatto Quotidiano* não era, entretanto, um jornal de esquerda; combinava elementos dessa tradição com algo mais parecido com o populismo judicial da primeira era de Mãos Limpas. Nesse sentido, o jornal descreveu sua linha política como nada mais que a "defesa da Constituição italiana" e da própria legalidade. O desejo de se gabar de sua independência também se manifestou no seu financiamento. A imprensa italiana há muito é dominada pelo patrocínio político direto – como no caso de *Il Giornale*, dirigido pelo irmão de Berlusconi, Paolo, ou pelos laços da *l'Unità* com o PCI e seus sucessores – ou pelo alinhamento com outros interesses corporativos, por exemplo a propriedade histórica do jornal romano *Il Messaggero* pelo grupo de energia Montedison. No entanto, a maioria dos jornais também depende fortemente de financiamento estatal, o que é amplamente percebido como uma forma de suavizar sua visão crítica. Nascido de uma campanha de financiamento coletivo, *Il Fatto Quotidiano* prometeu prescindir desse apoio institucional, ainda que seu porta-voz, Travaglio, também aparecesse regularmente na emissora La7 do grupo Cairo Communication.

No início, o M5S assumiu uma postura ainda mais radical contra a mídia tradicional, insistindo que a Itália não precisava de jornalistas. Isso ficou particularmente evidente na fase mais enérgica da atividade de Grillo, às vésperas das eleições gerais de 2013, incluindo uma turnê nacional. Preferindo dirigir-se a seus seguidores diretamente (e sem disputas) por meio do blogue *beppegrillo.it* e de seus comícios de rua, Grillo proibiu os membros do M5S de falar com jornalistas ou aparecer na televisão. Ao mesmo tempo que se recusava a participar do "jogo da mídia", apresentado como um meio de vigiar os membros do M5S em vez de levar suas ideias a sério, o movimento de Grillo clamou não pelo empoderamento da mídia crítica, mas sim pela destruição geral da "casta" da imprensa. Em uma entrevista de 2013 para a revista *Time*, Grillo insistiu que os "três [maiores] jornais e sete canais de TV" que compunham a opinião pública eram "piores que os partidos" e "parte do sistema".[108] Ele clamou pela extinção de subsídios estatais a jornais e pela venda da emissora pública RAI.

Essas manifestações de diversidade, bem como a aparente democracia do comício de rua, apelaram ao sentimento dos italianos de terem sido privados da escolha política. A mensagem simples de "trazer a honestidade de volta à moda" insistia que a remoção de formas de intermediação, como partidos e imprensa, poderia permitir que os cidadãos falassem diretamente por si, sem filtros institucionais. No entanto, Grillo também ofereceu sua própria forma de mediação. Apesar de seus ataques agressivos a jornalistas, considerados meros porta-vozes do "sistema", Grillo se parabenizou por direcionar a raiva popular em uma direção pacífica: como ele afirmou nessa mesma entrevista à *Time*, "Eu canalizo toda essa raiva para esse movimento das pessoas, que então vão governar. Eles deveriam nos agradecer um por um. Se falharmos, [a Itália] se encaminha para a violência nas ruas".[109] Sua tática favorita para canalizar a raiva, no entanto, também envolvia um duro deboche dos códigos políticos existentes; por exemplo, levantando o apelo para "marchar sobre Roma" (uma referência óbvia a Mussolini) ou a encenação de um encontro filmado com os líderes do

---

[108] "Italy's Beppe Grillo: Meet the Rogue Comedian Turned Kingmaker", *Time*, 7 de março de 2013.
[109] Ibid.

centro social neofascista CasaPound para provocar o nojo do *establishment* e assim reforçar sua mensagem de diferenciação.[110]

A guerra de Grillo contra a mediação política se estendeu além dos partidos pró-austeridade para atingir o próprio trabalho organizado. Claro, suas referências ao principal partido de centro-esquerda – o "PD sem L", uma referência nítida às suas semelhanças com o Povo da Liberdade de Silvio Berlusconi, PDL) – tentaram explorar a decepção em sua incapacidade de defender a própria base. No entanto, ao mesmo tempo, Grillo também denunciou duramente as formas rivais de mobilização popular. Enquanto o M5S comentava favoravelmente sobre movimentos sociais amorfos ou aparentemente "sem liderança", suas atitudes em relação às estruturas mais arraigadas do trabalho organizado eram muito diferentes. Isso foi simbolizado de forma mais infame em um discurso de Grillo em Brindisi, transmitido ao vivo em seu blogue – parte de sua turnê nacional antes das eleições gerais de 2013 –, no qual ele clamou por um "Estado com culhões" para "eliminar os sindicatos", declarando que não havia "nenhuma necessidade" para o que agora era uma "estrutura antiga como os partidos".[111] Imediatamente após a reunião de Grillo com a CasaPound, os sindicatos responderam perguntando que tipo de "democracia" o líder do M5S estava realmente procurando.

Em resposta não apenas à austeridade pós-2008, mas a um quarto de século de volatilidade política e econômica, o M5S nunca adotou a mensagem de partidos populistas de esquerda, como o Podemos na Espanha ou Syriza na Grécia, que prometiam uma ruptura com o neoliberalismo. Embora essas forças

---

[110] "Grillo ai militanti di Casa Pound: Il leader M5S davanti al Viminale", *La Stampa*, 11 de janeiro de 2013.

[111] "Grillo: 'Eliminiamo i sindacati, voglio uno Stato con le palle'", *La Repubblica*, 18 de janeiro de 2013.

similarmente reivindicassem o poder dos cidadãos contra o duopólio de partidos existente, elas foram particularmente lideradas pelos movimentos antiausteridade em 2011, que motivaram a ocupação em larga escala de praças públicas e um aumento das greves. Mesmo quando o Podemos de Pablo Iglesias se gabou de estar além da esquerda e da direita, isso foi concebido principalmente como uma forma de se distanciar do PSOE[112], partido mais estabelecido de centro-esquerda, e tanto as biografias pessoais de seus líderes (enraizados no comunismo de partido) quanto suas propostas concretas estavam colocadas inequivocamente nas tradições de trabalho e da proteção social. O Syriza era ainda mais convencionalmente de esquerda, embora no início de 2010 também tenha engolido setores da outrora dominante centro-esquerda (Pasok), cuja aplicação de medidas de austeridade (e coalizão com a Nova Democracia de centro-direita) revelou tanto suas estruturas de patrocínio quanto suas ligações históricas com o trabalho.

O caso italiano foi bem diferente. A administração de Mario Monti claramente corroborou o argumento do M5S de que a política se distanciou do controle do cidadão, tanto nas modalidades de sua formação (como um acordo elaborado pelo presidente sob pressão dos mercados de títulos e do BCE)

---

[112] Para uma análise interessante da identidade "não-partidária" do Podemos, ver Manuel Cervera-Marzal, "Podemos: A 'Party-Movement' in Government", *Jacobin*, 9 de janeiro de 2020. Comparações entre M5S e Podemos incluem Christopher Bickerton e Carlo Invernizzi Accetti, "'Techno-populism' as a New Party Family: The Case of the Five Star Movement and Podemos", *Contemporary Italian Politics*, v. 10, n. 2, 2018, p. 132-150, e Paolo Gerbaudo, "Are Digital Parties More Democratic Than Traditional Parties? Evaluating Podemos and Movimento 5 Stelle's Online Decision-making Platforms", *Party Politics*, 2019.

quanto em sua base parlamentar (apoiada por ambos os principais partidos).

O M5S não apenas empunhava uma mensagem de democracia direta, mas também emergia fora dos partidos parlamentares existentes, aparecendo assim em forte contraste com essa forma de política. No entanto, enquanto partidos de esquerda em outros países do Sul da Europa tentaram vincular a crise de representação a ataques aos padrões de vida populares, na Itália foi a narrativa das últimas décadas de populismo judicial que se reafirmou, em que M5S opunha "políticos mentirosos e corruptos" ao cidadão comum "honesto". Parecia que depois de um quarto de século de estagnação econômica e privatização, a maioria dos italianos via as medidas de austeridade pós-2008 com um senso de terrível inevitabilidade, em vez de algo que um governo diferente poderia reverter. Na verdade, revelando seus costumes antipolíticos, a hostilidade do M5S era muito mais dirigida contra "os partidos" (e, acima de tudo, o PD) do que contra o próprio governo Monti.

Isso também informou a estratégia de comunicação que o M5S dirigiu contra o governo Monti em seus primeiros anos, focada na preparação de seu primeiro teste para as eleições gerais, mais do que em quaisquer esforços imediatos para resistir à austeridade. Apesar de sua ligação com protestos locais contra projetos de infraestrutura, o M5S não foi uma presença organizada dentro das mobilizações antiausteridade mais convencionais desse período, como o "Dia sem Monti", convocado por partidos de esquerda e sindicatos para 27 de outubro de 2012. Em vez disso, a narrativa constante levada adiante pelo partido de Grillo era o apelo "Expulsem todos eles!", o momento eleitoral redentor em que os italianos poderiam simplesmente eliminar a odiada "casta corrupta". Essa foi a mensagem que o líder do M5S transmitiu em sua chamada Viagem do Tsunami de janeiro a fevereiro de 2013. Embora os detalhes políticos – ou mesmo uma orientação geral – permanecessem escassos, Grillo alardeava que "nada será como antes", que o "antigo mundo acabou", que a TV e os meios de comunicação foram o "Muro de Jericó em defesa do indefensável", que a bolsa e os mercados de títulos estavam "sujeitos à manipulação" e que a campanha poderia ser "os 39 dias que abalaram a Itália".[113]

Ainda assim, enquanto Grillo atacava políticos alienados por não reconhecerem o sofrimento popular, seu projeto em si não buscava empoderar os despossuídos, ou mesmo uni-los em torno de interesses materiais comuns. Na discussão do livro com Fo, ele e Casaleggio propuseram uma mistura de reclamações, desde a venda de ativos do Estado italiano até o agravamento da crise por "ladrões políticos" e os perigos da ascensão da extrema direita. Um tema notável da mensagem de Grillo foi sua condenação às chamadas categorias "protegidas", aquelas que não sofreram como seus compatriotas. Isso também foi visível após a virada eleitoral do partido, que veio com as eleições gerais de 25 de fevereiro de 2013. Em uma postagem no blogue, um dia após a eleição em que o M5S alcançou excelentes resultados entre os eleitores jovens, mas abaixo de 10% entre os aposentados, ele dividiu os italianos em "grupo A", os jovens, desempregados e precários, que haviam perdido a esperança, e "grupo B", aqueles que estavam felizes em manter as coisas como estavam.[114] Ele falou do "fardo insustentável do Estado, que paga 19 milhões de aposentadorias e 4 milhões de salários por mês... uma máquina infernal que deve ser substituída por uma renda cidadã". Como ele afirmou em uma entrevista para uma rádio na web em 29 de março, "boa parte desses [aposentados

---

[113] Beppe Grillo, "Tsunami Tour", beppegrilloblog.it, 11 de janeiro de 2013.

[114] Beppe Grillo, "Gli italiani non votano mai a caso", beppegrilloblog. it, 26 de fevereiro de 2013.

e funcionários] mal foi afetada pela crise".[115] A renda cidadã que ele propunha pagar-lhes era de 600 euros por mês.

A falta de uma agenda social clara juntou-se às posições fortemente contraditórias que o M5S manifestou em relação ao processo de integração europeia, desabafando sentimentos antiBruxelas e críticas à moeda única, mas mantendo-se mais circunspecto em termos de prescrições políticas. O tom radical das comunicações de Grillo costumava ser associado a uma promessa morna de mudança real, supondo que a arquitetura europeia não pudesse ser reformada e estivesse destinada a permanecer. Um exemplo disso foi um comício na Piazza Castello em Turim, na véspera das eleições europeias de 2014: Beppe Grillo formulou seu pedido de romper com o Pacto Fiscal em termos vulgares, descrevendo Matteo Renzi como um "idiota" que "lambeu a grande bunda alemã da Merkel"; colocando a mesma mensagem em termos mais educados, em entrevista ao *Il Fatto Quotidiano*, Gianroberto Casaleggio descreveu o projeto político de uma Europa unida como "perdido", mas insistiu que queria fazer o euro funcionar corretamente. Quando Peter Gomez e seu colega indagaram se "os críticos do euro estão dizendo que a crise da Itália não depende de [sua] corrupção, burocracia, desperdício e evasão fiscal", Casaleggio insistiu no fato de que a Itália realmente precisava cortar gastos:

O euro e a Europa não podem ser um álibi. Hoje nós gastamos 800 bilhões de euros. Destes, 100 bilhões de euros são juros da dívida. Dos demais 700 bilhões de euros, poderíamos cortar 200 bilhões de euros. Vou discutir com a Europa como isso é administrado, mas isso não me exime de colocar minha casa em ordem.[116]

---

[115] "Per Beppe Grillo: anziani pensionati e lavoratori pubblici = ladri", disponível em: https://youtube.com/watch?v=ODjQ8j7fqeA.

[116] "M5S, la versione di Casaleggio: 'Chi non mantiene gli impegni

Os líderes do M5S, portanto, denunciaram as amarras externas, ao mesmo tempo que aceitaram que os gastos públicos precisavam de cortes.

Tais afirmações contraditórias têm caracterizado as dificuldades em fixar o M5S dentro de um espectro esquerda-direita ou mesmo no eixo do europeísmo e da soberania. No entanto, isso era, de fato, parte de sua identidade e de seu charme. Pode resultar em um viés distorcido julgar um partido com base em suas intenções ocultas, em vez do que ele diz abertamente a seu eleitorado. O que o M5S fez foi expressar a raiva popular contra as injustiças percebidas e as concentrações imerecidas de riqueza e poder, ao mesmo tempo que mantinha suas propostas políticas vagas e decididamente pouco ambiciosas. O M5S denunciou livremente uma miríade de instituições, desde bancos às (atuais) regras da União Europeia, partidos políticos, sindicatos e meios de comunicação. No entanto, ao mesmo tempo, mantinha sua própria unidade com um enfoque retórico em seu caráter apolítico. Isso permitiu que centralizasse continuamente suas propostas concretas no terreno da representação e da moralidade pública, tanto limitando os representantes a dois mandatos, prometendo quebrar os monopólios da mídia, quanto pedindo o fim da proteção dos políticos contra processos criminais.

Um PD sem um L

Os resultados das eleições gerais de fevereiro de 2013 foram um terremoto. Nunca tendo participado de uma competição nacional, o M5S imediatamente saltou para o primeiro lugar. Não foi a maior coalizão; essa honra, em vez disso, foi para o bloco de centro-esquerda liderado por Pier Luigi Bersani. Ainda as-

---

deve essere cacciato'", *Il Fatto Quotidiano*, 20 de abril de 2014.

sim, o líder ex-comunista do PD ficou aquém das expectativas, com seus 10 milhões de votos batendo apenas ligeiramente em Berlusconi (surpreendentemente em recuperação, com 9,9 milhões) e no M5S (que, por sua vez, obteve 8,7 milhões de votos). Enquanto Bersani e seus aliados haviam obtido maioria absoluta na Câmara dos Deputados – a lei eleitoral Porcellum[117] garantia à maior coalizão 340 das 630 cadeiras –, esse mesmo mecanismo não funcionou como esperado no Senado, quando o bônus foi distribuído em caráter regional base. O efeito da triangulação foi o impasse parlamentar, com a centro-esquerda ganhando apenas 123 das 315 cadeiras no Senado (em que é necessário 158 para ter maioria), contra 117 para a centro-direita e 54 para o M5S. O movimento de Grillo não conseguiu assumir o comando da Itália; aliás, seu sucesso foi justamente o de ter impedido qualquer outro bloco de governar sozinho.

À medida que as negociações da coalizão se aproximavam, Grillo enfatizou a necessidade de transparência, insistindo que qualquer negociação deveria ser transmitida *on-line*. Porém, um pouco mais difícil de controlar foi a decisão sobre o próximo presidente da República. Essa figura, no sistema italiano, não orienta as operações diárias do governo, mas atua como fiadora da correção constitucional; ele é eleito diretamente pelos parlamentares, não pelo público. No entanto, o fato de essa votação ter ocorrido no período imediatamente pós-eleitoral invariavelmente tornou-se uma procuração para a competição na formação de coalizões. O M5S propôs o nome de Stefano Rodotà, jurista e ex-PDS, no interesse externo de construir pontes com a centro-esquerda. No entanto, depois de sua aliança

---

[117] O ministro que idealizou essa reforma em 2005, Roberto Calderoli, posteriormente a qualificou de porcata [porcaria], levando-a a receber esse apelido – também uma referência à anterior lei eleitoral idealizada por Sergio Matarella, conhecida como Mattarellum.

em apoio ao governo Monti desde setembro de 2011, os próprios legisladores do PD se voltaram para uma coalizão com Berlusconi. O líder do PD, Bersani, primeiro propôs o nome do líder sindical católico Franco Marini, mas diante da oposição do prefeito de Florença, Matteo Renzi, apoiou o ex-primeiro-ministro Romano Prodi, também de origem democrata-cristã. Embora os partidos de centro-esquerda tenham concordado com Prodi, quando a votação secreta ocorreu o número real de votos foi muito menor do que deveria, indicando que Bersani estava perdendo o controle sobre seus próprios parlamentares e senadores. Por fim, Napolitano foi convidado a permanecer como chefe de Estado, na verdade como o primeiro presidente a iniciar um segundo mandato. Em 24 de abril, ele instruiu Enrico Letta do PD para formar um governo de unidade nacional, incluindo o partido de Berlusconi.

A sensação de conserto incentivou novas reclamações de Grillo, que gritou "golpe". Sem dúvida, não foi edificante ver Napolitano pressionado para fazer outro pacto desse tipo, até mesmo pela forma como ele batizou a unidade de centro-esquerda e centro-direita. No dia seguinte, em um discurso proferido na antiga prisão da ss na Via Tasso, em Roma – por ocasião do aniversário da libertação da Itália do fascismo –, ele comparou a necessidade de formar uma grande coalizão com "a coragem, a firmeza e o senso de unidades decisivos para a vitória da Resistência". Grillo respondeu com raiva, insistindo que o legado dos partidários havia "morrido com a nomeação de um membro do grupo Bilderberg como primeiro-ministro".[118] Mas o verdadeiro jogo de poder estava com Renzi, o homem de 38 anos que agora se empurrava para o centro dos assuntos internos do Partido Democrático. Com Bersani expulso de seu posto de

---

[118] "25 aprile: Napolitano lo esalta, per Grillo e' morto", ANSA, 25 de abril de 2013.

secretário do partido e Berlusconi quase imediatamente derrubado por uma condenação por fraude, o liberal Renzi estava pronto para se colocar no centro da política italiana. Seu mandato veio em uma primária subsequente, em que foi eleito por 68% dos apoiadores do PD. No início de 2014, ele começou a reivindicar para si o cargo de primeiro-ministro.

A coalizão de Letta foi a primeira do PD; tendo há muito procurado pactos com os centristas que poderiam manter afastado o ogro Berlusconi, em abril de 2013 o partido se juntou diretamente a ele no governo. Para a crítica esquerdista do PD, isso não foi totalmente surpreendente, dado o recente pacto sob Monti e a incapacidade anterior do partido de abordar os interesses comerciais de Berlusconi de frente. No entanto, essa aliança não durou muito. Os problemas de Berlusconi com os tribunais começaram a se acumular e, em agosto, ele foi finalmente condenado por fraude – a primeira vez em que esgotou todos os recursos de um caso específico. O magnata da mídia não sofreu muito com as 200 horas de serviço comunitário: ele as passou como animador em asilos, retomando sua carreira de jovem como cantor de navios de cruzeiro. Em vez disso, o problema estava no efeito sobre suas ambições políticas. Por duas décadas, ele dirigiu seu partido sem contestação, selecionando candidatos, ministros e aliados como desejava. Mas, com o Popolo della Libertà se tornando um parceiro júnior no governo com o PD, linhas de fratura se abriram no partido. O gatilho veio quando o governo se recusou a protegê-lo de sua condenação, garantindo assim que ele fosse banido de cargos públicos. Ele deixou a coalizão, mas nenhum de seus ministros o seguiu.

O colapso da autoridade de Berlusconi anunciou realinhamentos mais amplos à direita e uma luta para conquistar o espaço político até então ocupado pelo Popolo della Libertà. Enquanto o magnata reacendia seu antigo partido Força Itália, cujas bandeiras continuavam a proclamá-lo seu candidato a primeiro-ministro, o ministro do Interior Angelino Alfano – um protegido de longa data de Berlusconi – declarou a criação de uma nova força que lutaria em parceria com o PD, Nuovo Centrodestra [Nova Centro-Direita, NCD]. Mas, com o centro de gravidade natural da centro-direita agora em crise, uma oportunidade também se abriu para mais forças de direita, fora do governo. No entanto, eles próprios estavam em um estágio inicial de reorganização. Criado no final de 2012, o novo partido pós-fascista Irmãos da Itália de Giorgia Meloni juntou-se ao MSI, como Alemanno e o ex-ministro da Defesa, Ignazio La Russa, mas recebeu apenas 2% dos votos nas eleições gerais de 2013. Aparentemente, a força mais dinâmica foi a Lega. Embora tenha sido reduzida a apenas 4% nas eleições, ela resistiu no Norte e se aliou a um novo líder: Matteo Salvini.

No entanto, não apenas a direita esperava explorar a crise de Berlusconi. Para o líder do PD, Matteo Renzi, eleito secretário em 8 de dezembro de 2013, a esperança era que seu partido pudesse reunir os fragmentos centristas do Povo da Liberdade construindo uma força centrista com uma frente ampla. Isso também serviu como meio de se distanciar retoricamente das origens de esquerda do PD, ou mesmo de sua identidade social-democrata, ao apelar para a criação de um "partido da nação". Ironicamente, isso primeiro tomou a forma de uma tentativa de fechar o espaço político para seus próprios aliados da coalizão, por meio do mecanismo de reforma eleitoral que marginalizaria pequenas forças centristas como a NCD de Alfano. Em 5 de dezembro, o Tribunal Constitucional declarou a lei eleitoral existente inconstitucional e, em 2 de janeiro de 2014, Renzi lançou um recurso para um novo sistema que enfraqueceria o Senado e restauraria uma troca de poderes entre dois grandes blocos. O M5S reclamou, mas Berlusconi concordou com a iniciativa – dialogando com Renzi na sede do PDF na Via Nazareno. A negociação devolveu a Berlusconi parte de sua legitimidade institucional, permitindo também que Renzi marginalizasse o primeiro-ministro Letta. Em fevereiro, Renzi finalmente usou seu poder para destituir Letta do cargo – instalando-se como primeiro-ministro em 22 de fevereiro.

Com as eleições europeias marcadas para maio, Renzi também buscou um mandato pessoal. Seu objetivo nessas eleições era unir a centro-esquerda, coletando fragmentos da Força Itália, e retomar a iniciativa política do M5S. Notavelmente, enquanto o PD não conseguiu levar para casa uma vitória nas eleições gerais em 2008 nem 2013, essa eleição ofereceu uma oportunidade de demonstrar que o partido poderia rechaçar os partidos "forasteiros" em ascensão. Nesse caso, Renzi fez sua própria oferta populista. Desde o início do seu mandato, apresentou-se como o "homem da demolição" que fazia uma cruzada contra as velhas elites e, nessa eleição, também avançou com políticas comerciais como a redução de tributos de 80 euros por mês para todas as famílias. O resultado foi uma enorme vitória, reunindo cerca de 11,2 milhões de votos, mais de 41% do total. Isso colocou o PD muito à frente dos 5,8 milhões do M5S e 4,6 milhões da Força Itália – demonstrando sua crise, este último partido havia perdido mais de 6 milhões de votos em comparação com as eleições europeias anteriores em 2009. A Lega Nord de Salvini se recuperou ligeiramente do desastre das eleições gerais de fevereiro de 2013, com quase 1,7 milhão de votos em todo o país. Seus 6% dos votos foram de fato uma queda acentuada em comparação com as eleições europeias anteriores, mas o partido mostrou que foi capaz de resistir à saída de Bossi.

Desde o início de seu governo, as intervenções populistas de Renzi foram mais uma questão de estilo político do que de conteúdo de sua oferta política. A desoneração fiscal de 80 euros que ofereceu nas eleições europeias de 2014 foi, de fato, um raro exemplo de ajuda concreta às famílias trabalhadoras. Mais importante para o seu apelo foi a imagem cuidadosamente cultivada de um premiê vestindo camisetas de gola aberta ou falando sobre as cabeças dos legisladores e diretamente para as câmeras parlamentares, simulando assim "contato visual" com os telespectadores.[119] Tudo isso proporcionou um meio para que o político de carreira pudesse gabar-se de uma imagem popular. Na disputa pelos votos centristas, o personagem do "homem da demolição" aliou-se ao confronto com sua própria base, montando reformas de livre mercado que até Berlusconi hesitara em fazer. A abolição do Artigo 18º do Estatuto do Trabalhador (que permite aos empregadores despedir funcionários à vontade), a reforma da Boa Escola (agravando a situação laboral dos educadores) e a introdução da alternância trabalho-escola (estágio obrigatório não remunerado para alunos do ensino médio) colocaram o PD no caminho da guerra contra os sindicatos, com cujo apoio ele um dia havia contado.

Em seus primeiros tempos de arrogância, Renzi gostava de se comparar com o "astro do *rock*" do passado da centro-esquerda neoliberal, Tony Blair. Como em muitas tentativas de invocar "modelos" estrangeiros na política italiana, esse ponto de referência era, no entanto, curiosamente provinciano, já que o líder do PD parecia ter permanecido alheio à crescente impopularidade de Blair em seu próprio país, ou mesmo às razões de seu inicial sucesso.[120] A injeção de *slogans* em inglês no discurso de Renzi não era inteiramente nova: na primeira campanha eleitoral geral do PD em 2008, o líder Walter Veltroni copiara imprudentemente o *slogan* de Barack Obama, "Sim, nós podemos", em uma tentativa transparente de emular

---

[119] Assunto discutido de maneira interessante em Marco Revelli, *The New Populism*, p. 186.

[120] Conforme observado em Perry Anderson, "The Italian Disaster", *London Review of Books*, 21 de maio de 2014.

algum carisma político. Se esse recurso a um vocabulário estrangeiro em nome da aparente "modernidade" talvez tenha alimentado um senso de elitismo no PD – e destacado uma pronúncia um tanto duvidosa –, muito mais prejudicial foi seu profundo fracasso em aprender as lições do Novo Trabalhismo. Porque, embora a oferta de Renzi pelo meio-campo tenha lhe permitido absorver temporariamente os votos da Força Itália, também radicalizou a divisão com a antiga base do movimento operário de seu partido.

Já vimos o processo que levou o PD a adotar posições liberal-centristas. No entanto, as condições pós-crise exacerbaram seus ataques aos direitos dos trabalhadores. Na década de 1990, o Novo Trabalhismo promoveu agressivamente os valores de classe média da aspiração e do sucesso nos negócios, mas manteve um apego residual aos sindicatos e aos sucessos históricos do trabalho, por exemplo, aumentando o investimento no sistema nacional de saúde (NHS), ainda que introduzindo empreiteiros privados. Isso permitiu que ele comprasse partes de sua base e, ao mesmo tempo, seguisse uma agenda mais "pró-negócios". O confronto de Renzi com sua base foi muito mais unilateral, transformando a agenda de privatizações de governos anteriores de centro-esquerda em um ataque de longo alcance aos direitos trabalhistas e à posição de barganha dos sindicatos. A Confederação Geral do Trabalho Italiana, historicamente liderada pelos filhos do PCI, manteve-se alinhada ao PDS e seus sucessores nas décadas de 1990 e 2000, abraçando a ideia de "parceria social". Renzi, no entanto, rejeitou veementemente essa aliança, forçando a líder do CGIL Susanna Camusso a romper com o Partido Democrático.

A tentativa de Renzi de revolucionar o Partido Democrático também alimentou os ataques de seu rival mais perigoso, o M5S. A divisão dentro do PdL de Berlusconi fez com que esse acrônimo em particular fosse removido da aritmética política.

No entanto, os ataques do M5S ao "PD sem L" não diminuíram e receberam novo combustível com os acontecimentos na capital. Mais uma vez, a questão central era a conquista do sistema político pela corrupção. Em dezembro de 2014, houve uma onda de prisões em Roma, revelando a existência de uma organização criminosa logo rotulada de Mafia Capitale. Seu faturamento foi estimado em mais de 90 milhões de euros por ano, com a extensão de suas redes de negócios em razão dos contratos ganhos por subornos de políticos da centro-esquerda e da centro-direita. Fotos de colegas de trabalho jantando juntos cimentaram a mensagem do M5S de que essa era uma casta corrupta unida em seus negócios sombrios.

As revelações foram um golpe devastador para os principais partidos na Câmara. Os laços da Mafia Capitale com a prefeitura – por meio dos quais gangues de criminosos assumiram o controle de contratos do Estado para serviços que iam desde a reparação de estradas até o gerenciamento da recepção de migrantes – passaram, principalmente, pelo ex-membro do Movimento Social Italiano, Gianni Alemanno, de 2008 a 2013, prefeito de Roma. Apesar de sua integração à centro-direita dominante, ele permaneceu ligado a figuras como Massimo Carminati, um terrorista do grupo fascista dos anos 1970 Nuclei Armati Rivoluzionari [Núcleo Armado Revolucionário]. No centro da rede da Mafia Capitale estava o aliado de Carminati, Salvatore Buzzi, líder da Força Itália no conselho regional do Lácio. No entanto, também incluía dois líderes proeminentes do PD, Luca Odevaine (vice-chefe de gabinete do ex-líder do PD Walter Veltroni, durante seu tempo como prefeito de Roma no início dos anos 2000) e Mirko Coratti, membro do PD e presidente da Câmara Municipal de Roma. Ambos foram presos em junho de 2015 e, eventualmente, condenados a longas sentenças de prisão.

O escândalo corroborou a narrativa do M5S perfeitamente – e a reação de Renzi piorou as coisas para o PD local. O prefeito de Roma desde junho de 2013, Ignazio Marino, um homem do Partido Democrático, havia tido um comportamento irrepreensível no caso. Na verdade, ele estivera ativamente envolvido na exposição do escândalo. Em junho de 2014, após ser abordado pelo grupo Mafia Capitale, Marino apresentou as provas à polícia na tentativa de reprimir o crime desenfreado na Câmara Municipal. No entanto, isso não foi suficiente para colocar Marino do lado certo da campanha "anticorrupção" conduzida tanto pela imprensa local quanto pelo M5S. Este partido, em vez disso, fomentou um escândalo em torno do próprio prefeito, com o objetivo de destacar sua alegada hipocrisia ao condenar seu predecessor corrupto. A balbúrdia banal dirigida ao prefeito de esquerda moderada foi ilustrada em particular pelo "Escândalo do Panda", em que se revelou que Marino não pagava as multas de estacionamento – um crime ampliado nos jornais pela insistência de que o ex-cirurgião de transplantes *nerd* parecia ridículo ao dirigir um Fiat Panda. Outras ofensas, igualmente citadas como ilustração da opulência da "casta", incluíam o uso por Marino de seu cartão de crédito oficial para comprar uma garrafa de vinho de 55 euros em um restaurante.

Ninguém, incluindo o "colega" do PD de Marino, Renzi, parecia se importar que esse prefeito recém-eleito tivesse tentado erradicar o crime real de gangues violentas e que esse tipo de corrupção – que custava aos contribuintes centenas de milhões de euros – excedia em muito suas poucas indiscrições. O escândalo da Mafia Capitale alimentou o mantra de que os partidos eram "todos iguais" e que Marino era incompetente, até porque dirigia um carro ridículo. Essa reputação de gafes piorou depois de um novo incidente em que Marino seguiu o Papa Francisco pela Filadélfia – o pontífice disse com desdém à imprensa que não convidara o prefeito de Roma para acompanhá-lo.[121] Do governo nacional, Renzi optou por apunhalá-lo, casualmente especulando na imprensa nacional que o prefeito de Roma deveria considerar seu futuro; enquanto o ministro do Interior, Angelino Alfano, decidia se colocaria o governo da capital sob controle direto, o grupo do PD em Roma votou para colocar Marino de lado. O prefeito ficou desgostoso por ter sido forçado a recuar e, após renunciar inicialmente, fez uma breve tentativa de retomar sua posição. O resultado foi uma administração interina na capital e eleições antecipadas.

As entediantes idas e vindas das denúncias de corrupção (combinadas com as ameaçadas, mas nunca verificadas, acusações de difamação entre os principais protagonistas), no entanto, se cruzaram com queixas básicas que alimentavam o clima de revolta contra o PD. Por último, mas não menos importante, estava o estado desastroso da coleta de lixo na capital, um sinal de incompetência municipal capaz de ofender vários sentidos ao mesmo tempo. No entanto, o verdadeiro para-raios para a revolta dos eleitores foi a imigração. O escândalo eclodiu em um momento em que o número de migrantes estava aumentando rapidamente em toda a Europa, principalmente devido à guerra civil na Síria e aos conflitos na África subsaariana. Um dos serviços contratados aos mafiosos dizia respeito ao acolhimento de requerentes de asilo, com o pagamento de 35 euros por dia por migrante (muitas vezes deturpado como pagamento aos próprios migrantes). Para o M5S, era uma questão de para-raios: um exemplo da

---

[121] Ver Claudio Paudice, "Tutte le gaffe di Ignazio Marino sindaco di Roma. Dal Panda-gate alla foto con Buzzi fino all'irritazione del Papa", *Huffington Post Italia*, 8 de outubro de 2015, bem como o desenvolvimento dos problemas de Marino com o Papa em "A antipatia do Papa pelo prefeito de Roma é revelada em uma chamada no programa de rádio", *The Guardian*, 29 de setembro de 2015.

libertinagem de políticos dispostos a despejar fundos em um "negócio de migrantes" à custa dos contribuintes.

A política anticorrupção e a condenação visceral das elites desinteressadas se juntaram ao tema ainda mais emocional da imigração e da identidade nacional. Isso também marcaria a campanha do M5S para as eleições para prefeito em junho de 2016, nas quais Virginia Raggi, de 27 anos, era a candidata do partido. Advogada de formação, ela havia trabalhado para a firma do ex-ministro da Defesa de Berlusconi, Cesare Previti, ele próprio banido de cargos públicos em 2007 após uma condenação por corrupção. Dados os reveses da gestão anterior e mesmo as lutas internas no PD, a vitória de Raggi foi, desde o início, quase certa. Suas posições mostraram a tentativa do M5S de dominar o clima anti-imigração e atrair ex-eleitores de esquerda. O apelo para o registro dos ciganos foi, portanto, visto como um meio de os libertar da sua condição de marginalização e falta de acesso aos serviços sociais e como uma medida de segurança necessária nunca adotada pelos "partidos" imersos no "negócio da imigração".

Essa também foi uma época em que a sobreposição de pautas levantadas pelo M5S e pela Lega Nord tornou-se mais clara. Em março de 2015, o líder ativista do M5S Alessandro di Battista postou um vídeo nas redes sociais prometendo "desmantelar a Lega em cinco minutos", denunciando a reivindicação do partido de extrema direita de representar uma verdadeira força "anticasta" quando tantos de seus representantes encheram seus bolsos com despesas duvidosas à custa dos contribuintes. Ele iniciou o vídeo citando mensagens de apoiadores pedindo-lhe que denunciasse o racismo da Lega Nord, mas insistiu que era mais eficaz confrontá-los quanto ao uso de dinheiro público, como fez então. Mesmo assim, os dois partidos estavam começando a mesclar políticas "anticorrupção" com a denúncia da imigração em massa. Embora o M5S tenha mantido uma defesa genérica do direito de asilo, seu apelo para "parar o negócio da imigração" (citando um conspirador da Mafia Capitale que dissera que "a migração vale mais dinheiro do que as drogas"), tornou-se cada vez mais o dispositivo de enquadramento para sua resposta sobre a crise dos migrantes.

Nesse sentido, o resultado de junho de 2016 em Roma expressou o colapso da base social histórica do PD, fenômeno que foi muito agravado durante o período de crise econômica. Isso ficou particularmente evidente no segundo turno das eleições, em que Raggi enfrentou o candidato do PD Roberto Giachetti. Os mapas de resultados mostraram apenas os bairros mais elegantes do centro em vermelho, cor do PD – uma vez também a cor do movimento dos trabalhadores –, enquanto os antigos bairros proletários e as periferias da cidade eram um mar de amarelo, cor do M5S. No entanto, se este levante dos trabalhadores foi alimentado por dificuldades materiais, a campanha de Raggi acompanhou-o com uma rejeição generalizada do PD. Ao ganhar mais de dois terços dos votos, a jovem advogada poderia dizer com toda a sinceridade que estava acima das divisões políticas, enquanto ganhava o apoio de Salvini e de outros inimigos de extrema direita do PD, bem como de ex-comunistas hostis à reviravolta neoliberal do partido. A campanha de Raggi parecia ter agido como um significante vazio, uma tela quase em branco na qual diferentes grupos poderiam projetar seu descontentamento. No entanto, as estruturas mais opacas dentro de sua máquina partidária garantiriam que os participantes do levante anticasta tivessem pouco controle efetivo sobre o próprio M5S.

Democracia direcionada

De fato, o ano de 2016 também forneceria o segundo grande exemplo da ambiguidade do M5S. Depois de perder Roma em junho, Renzi tentou recuperar o clima de descontentamento, fazendo uma nova promessa de cortar custos da política. Alegando que seus planos de "liberalizar" a economia foram prejudicados por elites entrincheiradas – do Parlamento a administradores provinciais e sindicatos –, Renzi convocou um referendo para dezembro que empurraria a Itália para um modelo mais centrado no Executivo. Procurou eliminar tanto o seu bicameralismo perfeito (ou seja, a capacidade do Senado de propor legislação em pé de igualdade com a Câmara dos Deputados) e os poderes de que gozam as províncias. Fazendo-se passar por um líder não conformista que estava acima de seu próprio partido, Renzi descreveu a reforma como uma maneira pela qual os eleitores poderiam punir os "políticos". Para esse fim, ele adotou *slogans* rudes, instando os eleitores a "retirarem as poltronas", tão amadas por seus colegas legisladores. No entanto, muito seguro de seu papel providencial, Renzi também personalizou o voto, insistindo que renunciaria se a reforma não fosse aprovada.

Isso se provou fortemente contraproducente, porque, como com a campanha do M5S na eleição em Roma, significou que formas muito diferentes de oposição e descontentamento com o PD poderiam ser combinadas. A especulação sobre o futuro do próprio Renzi e a possibilidade de um "não" desencadear eleições gerais antecipadas fizeram com que as medidas específicas da reforma constitucional tivessem apenas uma influência secundária na votação de 4 de dezembro de 2016. Se o seu verdadeiro conteúdo interessava a alguém, esse alguém era sobretudo da esquerda política italiana: a Associação Nacional dos Partigiani Italianos (ANPI) condenou os ataques à Constituição nascida da Resistência. Os oponentes de Renzi dentro do PD também se alinharam contra a reforma, como o ex-premiê Massimo d'Alema, talvez com segundas intenções em se livrar do primeiro-ministro. Os partidos de direita, que em 2006 haviam proposto uma reforma semelhante, pediram "não" em nome da expulsão de Renzi. Mas, sem dúvida, a maior força para impedir a reforma foi o M5S. Sua campanha foi estritamente focada nas consequências políticas imediatas, destacando a perspectiva de que um voto negativo poderia levar à queda antecipada de Renzi e, portanto, a eleições antecipadas, que elevariam o mesmo M5S ao cargo em nível nacional. Quando os resultados chegaram, cerca de 59% dos eleitores haviam optado pelo "não" e o insurgente M5S poderia mais uma vez reivindicar a vitória.

Para os aliados do primeiro-ministro, mesmo essa derrota provou que ele era um "vencedor". Já tendo recebido um "plebiscito" em apoio às eleições europeias de 2014, Renzi novamente reuniu 41% dos italianos em favor de seu projeto. No entanto, como prometido, o revés do referendo imediatamente levou à sua renúncia, sendo substituído como primeiro-ministro por seu colega do PD, Paolo Gentiloni. Mas os quase 20 milhões de votos contra sua Constituição combinaram todos os tipos de dissidência. Particularmente digno de nota foi o voto dos jovens: massivos 70% dos jovens de 25 a 34 anos rejeitaram a mudança.[122] Se as medidas de Renzi prometiam reduzir drasticamente o número de parlamentares e permitir ao governo mais liberdade de luta contra o "conservadorismo", na verdade foram os italianos mais velhos que apoiaram as reformas planejadas. Parecia que as propostas concretas de Renzi, do enfraquecimento do poder do Senado à abolição das províncias, eram um pouco menos importantes do que a possibilidade de votar contra o próprio primeiro-ministro. E o M5S, que, assim como Renzi havia proposto, também apoiava o enxugamento

---

[122] Ilvo Diamanti, "La solitudine dei giovani elettori: ecco perché hanno votato No al referendum costituzionale", *La Repubblica*, 12 de dezembro de 2016.

do Estado central, estava na vanguarda da campanha para deixar a Constituição inalterada.

No entanto, se o apelo do M5S a um voto negativo teve um forte viés oportunista, isso também caracterizou sua relação ambígua com as instituições republicanas – e com a própria democracia. Desde o início, o M5S afirmou sem rodeios sua separação da "política" e dos "partidos" em geral, em vez disso se identificando como uma expressão pura da população italiana. Seu maniqueísmo – "cidadãos honestos" opondo-se à política da "casta" irresponsável – foi amplificado por sua glorificação da internet como uma alternativa democrática aos meios de comunicação de massas controlados por pessoas como Berlusconi, Murdoch ou mesmo a RAI, uma emissora pública dirigida por indicados do partido. Se Grillo se viu marginalizado pela mídia de massa, como líder do M5S, ele então inverteu essa relação, impondo seus próprios limites sobre o que a mídia de massa poderia fazer. Ao proibir que representantes de seu movimento aparecessem na TV, Grillo os obrigou a fazer declarações públicas apenas por meio de seu blogue pessoal, evitando assim as inquisições da mídia.

A estratégia de mensagens de Grillo baseou-se principalmente em sua colaboração com o empreendedor da web Casaleggio. Ele poderia, com razão, chamar a si mesmo de "guru" de Grillo, já que vinculou suas estratégias de marketing à face pública do comediante. Começou a carreira trabalhando para o rei das máquinas de escrever, Adriano Olivetti, ele próprio autor de diversos textos políticos que defendiam a superação do embate entre trabalho e capital por meio de administradores esclarecidos que governariam a economia em nome do interesse geral. No entanto, o que Casaleggio tirou de seu mentor não foi tanto o desejo utópico de Olivetti por harmonia social quanto suas conclusões pós-democráticas. Suas intervenções estavam fortemente imbuídas da ideia de que o domínio especializado de informações transparentes – monitorando insumos e níveis de produção e investigando continuamente o sentimento popular – poderia substituir a tomada de decisão política em massa e os processos de competição democrática.

Como funcionário do consultor de web britânico WebEgg, na década de 1990 Casaleggio estava particularmente interessado no uso de ferramentas *on-line* para manipular a opinião pública. Em suas desconstruções ácidas da autopromoção do M5S, Jacopo Iacoboni destacou o cinismo de tirar o fôlego do pensamento de Casaleggio, expresso em suas primeiras experiências em interferir nas discussões em fóruns da web. Ele cita o ex-funcionário da WebEgg, Carlo Baffè, que explica como Casaleggio treinou sua equipe para "usar os fóruns para divulgar certas posições de Roberto como se fossem o resultado de discussões democráticas". "Um membro da Intranet lançava a discussão sobre um tema, outro respondia com uma posição contrária, depois outros dois tomavam partido do primeiro… Isso criava o que Roberto chamou de 'avalanche de apoio.'" Mas, como Baffè entendeu, "No início era um jogo divertido… Mas depois percebi que isso nada mais era do que um experimento de engenharia social para entender os métodos mais eficazes para manipular a opinião e criar consenso com uma discussão aparentemente democrática".[123]

Iacoboni destaca as visões ecléticas que Casaleggio tirou de sua relação com Olivetti (e, de fato, da participação nos comícios de Bossi). Essas políticas incluíam alguns temas de extrema direita, mas focavam principalmente o pensamento de conspiração e tramas globalistas. Essa perspectiva foi expressa em particular em seu vídeo "Gaia", de 2008.[124] Delineando uma

---

[123] Jacopo Iacoboni, L'Esperimento. Bari: Laterza, 2018, p. 22.
[124] "Gaia, o futuro da política". Disponível em inglês, com forte sotaque, em: https://youtube.com/watch?v=sV8MwBXmewU.

visão de mundo orgânica única, o filme de sete minutos pretendia prever o estado a que a humanidade chegaria em 2054, uma comunidade *on-line* de "cidadãos do mundo" livre de conflitos. Como o espectador que conseguir aguentar a narração poderá apreciar, esse vídeo reuniu um conjunto de teorias sobre o controle da informação; a dominação dos organismos maçônicos, religiosos e financeiros; e as reuniões de elite em Bilderberg. Seguindo uma longa tradição de teorias destinadas a atrair os alienados e atomizados, as injustiças do mundo foram atribuídas não a estruturas de poder fundamentais, mas à "corrupção"; mais adiante, aliviando a carga sobre os espectadores, a ordem futura imaginada não seria devida à mobilização social, mas à redenção apocalíptica, graças à hipótese de uma Terceira Guerra Mundial prevista para os anos 2020.

"Gaia" não ofereceu ideias brilhantes sobre a condição contemporânea, mas expressou a concepção de política que se espalhou entre os mais ruidosos defensores do M5S. A queda dos velhos partidos de massa, a judicialização da política e o governo berlusconiano alimentaram a narrativa de Casaleggio, à medida que cidadãos alienados, incapazes de tomar decisões políticas significativas, olhavam impotentes para elites distantes e personalizadas. Com a mídia social do seu lado, a organização do M5S alegou apoiar a democracia na internet – "um vale por um" –, em que a palavra de uma pessoa conta tanto quanto a de qualquer outra. Ironicamente, porém, o que o M5S oferecia era apenas mediação, já que seus apoiadores não interviriam politicamente eles próprios como militantes do partido, mas sim como animadores de torcida *on-line* para seus supostos campeões. Estudante de técnicas de pesquisa e grupos focais desde o surgimento da internet, Casaleggio sabia, por experiência própria na administração de fóruns da Usenet, que poderia obter a resposta certa contanto que fizesse a pergunta certa a seus seguidores, especialmente se seus fantoches estivessem ativos na conversa.

Nesse esquema, a dupla Grillo-Casaleggio era tão empreendedora política quanto Berlusconi, com a diferença geracional fundamental na substituição do espectador mais obviamente passivo pelo fã *on-line*. Enquanto o magnata bilionário entrou na política em 1994 para defender seu império de mídia pré-existente, o sucesso dos líderes do M5S foi usar um veículo político para construir uma lucrativa presença *on-line*. Na verdade, assim como a plataforma Rousseau – meio pelo qual os apoiadores do M5S participavam da votação *on-line*, em questões como a seleção de candidatos e a classificação dos compromissos programáticos –, o blog de Grillo pertencia à Casaleggio Associates, arrecadando a receita do que havia em 2007 se tornado um dos sites mais visitados do mundo. Isso também permitiu que a alta administração da M5S mantivesse o controle total de seus processos internos. O fato de que a plataforma Rousseau (e que o partido empresarial não tinha estruturas associativas formais) simplesmente permitiu que os rumores discordantes fossem apagados assim que começassem a incomodar, dando a seus proprietários controle rígido sobre seus processos internos – como uma versão mais fortemente censurada do Facebook ou do Twitter.

Além disso, uma clara divisão de autoridade dentro do movimento possibilitou a defesa de suas estruturas da ação de seus dirigentes e representantes efêmeros. Particularmente importante para essa constelação foi o papel do próprio Grillo. Dada a sua condenação por homicídio culposo em 1985 (devido a um acidente de carro), ele se prejudicou com o pedido do M5S para o banimento de condenados como candidatos a cargos públicos, e por isso assumiu o cargo de "fiador" de sua constituição interna, fortalecido pela autoridade extraída de seu papel em sua fundação. Graças à atitude geralmente fideísta dos fãs do

M5S em relação a Grillo, isso permitiu-lhe desempenhar algo como o papel de um monarca constitucional, defendendo o prestígio de suas instituições sem deixar-se manchar pelas idas e vindas da política cotidiana. Enquanto o lugar da rainha garante a sua propriedade dos cisnes da Inglaterra, o fiador da M5S obtém sua recompensa específica na receita do Google Ads. *Bloomberg* notou a extraordinária invenção da "política com fins lucrativos"[125], por meios menos transparentes ainda do que os de Berlusconi.

O M5S rapidamente se tornou conhecido por sua mania de controle, inclusive em suas negociações com seus membros eleitos. A concepção de seus representantes como delegados, em vez de indivíduos eleitos, deu o tom para uma abordagem disciplinar que silenciava qualquer traço de dissidência interna. Tudo começou em setembro de 2012, quando o conselheiro regional da Emília-Romanha, Giovanni Favia (um dos primeiros membros eleitos do M5S), foi expulso por criticar Casaleggio na TV.[126] Um deputado, Massimo Artini, foi expulso simplesmente por estabelecer uma lista entre os representantes do M5S não hospedada pelo próprio Casaleggio.[127] Foram tantas as expulsões que, após os primeiros cinco anos no Parlamento, o M5S havia perdido 21 deputados e 19 senadores, um quarto de todos os seus representantes. Para manter essa imagem de unanimidade, os membros do M5S em geral se abstinham em propostas polêmicas, justamente para manter a imagem de uma "tela em branco" na qual quase qualquer forma de descontentamento poderia ser projetada. Um exemplo foi o voto na adoção por

---

[125] "Grillo Ushers In Politics-for-Profit With Google Ads", Bloomberg, 29 de maio de 2013.

[126] "M5S, Favia: 'Casaleggio prende per il culo tutti. Da noi la democrazia non esiste'", *Il Fatto Quotidiano*, 6 de setembro de 2012.

[127] Jacopo Iacoboni, *L'Esperimento*, p. 56.

casais gays, promovido pela administração do PD de Matteo Renzi, em que os parlamentares do M5S se abstiveram de votar, mas deram motivos contraditórios para isso, seja invocando os valores da família católica, seja argumentando que o projeto de lei não foi longe o suficiente.

Como veremos no Capítulo 5, essa abordagem foi desfeita no período de governo do M5S, já que a aliança com a Lega, bem mais definida politicamente, o obrigava a definir mais claramente suas posições políticas, ou pelo menos gerava contradições entre suas fileiras. Por ora, pode-se constatar que, no período de Luigi Di Maio, tem havido uma tendência geral para o M5S abandonar a armadilha da diferenciação, já que seu histórico de representantes eleitos – junto com o desbotamento de seu senso inicial de novidade – minou seu maniqueísmo entre cidadãos honestos e políticos corruptos. Tendo deixado para trás seu papel puramente de oposição, o partido mudou o limite de dois mandatos para candidatos eleitos – afinal, os deputados do M5S estão agora em seu segundo mandato no Parlamento. Eliminou o estatuto que expulsava todos os ocupantes de cargos públicos que estivessem sob investigação judicial, uma vez que alguns membros do M5S enfrentaram eles mesmos o escrutínio policial. E aboliu a proibição de aparecerem na TV: por enquanto, os membros eleitos do M5S podem ditar aos jornalistas os termos em que serão entrevistados.

5. O triunfo de Salvini

Lampedusa fica na África. Mais importante ainda, fica também na União Europeia. A minúscula ilha italiana no sul do Mediterrâneo se tornou um local de desembarque para almas desesperadas da Líbia e da Tunísia, as mais sortudas das quais chegam com vida. Se tal lugar pode parecer o mais distante imaginável do tipo de Itália que a Lega há muito representa, seu reposicionamento como um local de processamento para os migrantes virou a política de cabeça para baixo. Nas eleições europeias de maio de 2019, a Lega Nord obteve cerca de 45,9% nesse território italiano mais ao sul, embora com uma participação mínima de 26,6%. Lampedusa é, no sentido mais literal, um ponto fora da curva: sua população de cerca de 6 mil habitantes é superada em muito pelo número de pessoas que desembarcam todos os anos em barcos raquíticos. No entanto, o fato mais notável é que o partido de Matteo Salvini conseguiu comemorar um progresso semelhante em pequenas cidades em toda a Itália, onde a imigração é quase zero.

Enquanto a Lega (agora privada da qualificação "Nord") continua a marcar a maior contagem de votos em seus redutos históricos, acumulando maiorias absolutas no Nordeste da Itália, sua ascensão sob Salvini foi mais notável em seu alcance nacional. Se, ao examinarmos a ascensão do Movimento Cinco Estrelas, destacamos o colapso do voto da esquerda, o sucesso de Salvini deve muito mais à radicalização dos eleitores de direita existentes e ao colapso no comparecimento às urnas de seus rivais. Nas cidades do Sul, onde há apenas cinco anos seus líderes definiam os sulistas locais como *terroni*, a Lega conquistou o voto católico-conservador histórico, convertendo ex-políticos berlusconianos e pós-fascistas para seus próprios quadros. Em março de 2018, passou de quase zero para um alto número de um só dígito no *mezzogiorno*; nas eleições europeias de maio de 2019, ficou atrás apenas do M5S no Sul e nas ilhas, onde obteve 20% de apoio. Não é uma imagem uniforme: os votos na Lega continuam vindo de setores mais ricos e mais velhos do que a população em geral; no Sul, tem recebido mais apoio de outros partidos de direita do que do M5S.

No entanto, isso também aponta para as bases mais amplas do sucesso de Salvini. Os italianos de esquerda costumam se referir aos anos de Berlusconi como um *ventennio*, período de hegemonia implicitamente comparado aos vinte anos do governo de Mussolini. Na verdade, o magnata da mídia foi primeiro-ministro por apenas nove anos, entre 1994 e 2011. Mas o que ele conseguiu foi dominar a direita, reunindo sob sua liderança elites empresariais provinciais e um público cativo de donas de casa que assistem à Mediaset. Em meio à fragmentação de velhas identidades políticas, a capacidade de Berlusconi de polarizar a Segunda República em seu redor também se baseava em sua capacidade de colocar seus aliados uns contra os outros, mantendo seu papel de rei e fazedor de reis. No entanto, essa abordagem também gerou uma mudança hegemônica mais ampla. Se seus canais de TV ajudaram a promover a imagem de empresários que trabalham duro lutando para se livrar das restrições do Estado, essa agenda também poderia ser explorada por outros partidos.

Essa, aliás, foi a oportunidade que se abriu para a Lega no pós-crise. A crise da dívida que levou à renúncia de Berlusconi em novembro de 2011, e até mesmo sua proibição de ocupar cargos públicos em 2013, inicialmente pareciam um solavanco ao longo do caminho em uma carreira política que enfrentara muitas reversões abruptas e problemas legais. Mesmo às vésperas das eleições de 2018, as pesquisas indicavam que a Força

Itália derrotaria a Lega e permaneceria como o maior partido de centro-direita, em uma aliança que parecia que teria a maioria das cadeiras. No entanto, o maior choque na noite dos resultados foi precisamente o fato de o partido de Berlusconi ter perdido sua hegemonia sobre seus irmãos-inimigos. A força mais antiga representada no Parlamento, a Lega Nord, fundada em 1991, finalmente obteve mais votos do que a Força Itália. A vitória de Salvini sobre o tratante de 80 anos lançaria as bases para um novo progresso nos meses seguintes. Mas foi também o culminar de uma luta para transformar a própria Lega.

Como veremos neste capítulo, a nova Lega de Matteo Salvini, de caráter nacionalista, é, em muitos aspectos, o produto das circunstâncias – e do fracasso de seus oponentes – em vez de um plano engenhoso traçado com antecedência. Isso é particularmente evidente no fato de que a ascensão meteórica do partido (que atingiu 34% nas eleições europeias de maio de 2019) ocorreu em grande parte após as eleições gerais de 2018, a ponto de finalmente mostrar-se capaz de superar a Força Itália como a principal força de centro-direita. Depois de Salvini se tornar secretário nacional da Lega no final de 2013, ele conseguiu estabilizar as estruturas partidárias, mas sua pontuação de 6% nas eleições europeias de 2014 foi um exercício de redução de danos em vez de um avanço, e até a véspera das eleições gerais de 2018 não estava claro que a Lega estava prestes a impor sua hegemonia política. Na véspera dessa corrida, as advertências da imprensa sobre um rompimento iminente da Itália com o euro (ou, como apontou um autor, a perspectiva de um governo eurocético mais confuso)[128] muitas vezes apontavam para a possibilidade de que Salvini rompesse com Berlusconi e unisse forças com o M5S. A realização dessa aliança em junho de 2018 não apenas trouxe a Lega de volta ao governo, como

---

[128] Broder, "Italy's Missing Euro Debate", *Jacobin*, 5 de fevereiro de 2018.

ajudou a lançar as bases para uma transformação mais ampla da direita.

Nesse sentido, o maior sucesso de Salvini foi "nacionalizar" a Lega, enraizando seu controle nas pequenas cidades de seu coração na Padânia e estendendo sua organização a regiões onde ela nem existia nas décadas de 1990 e 2000. Em particular, a histórica superação da Força Itália em março de 2018 – e depois a passagem a uma coalizão com Luigi di Maio – permitiu à Lega canibalizar o seu eterno rival-aliado, não só pela conquista do seu antigo reduto eleitoral, mas também pela reconvocação de antigos quadros e redes clientelistas nas estruturas da Lega. Assim como na década de 1990 a Força Itália e a Aliança Nacional integraram às suas fileiras líderes políticos, expoentes da economia local e até do crime organizado anteriormente de alinhamento democrático-cristão, sob a liderança de Salvini a Lega fez o mesmo. Como veremos, a mobilização dessas forças por trás da Lega vem com muito oportunismo; o desejo de correr atrás do movimento também se estendeu aos próprios eleitores, uma vez que dentro de três meses das eleições de março de 2018, a Lega já havia subido mais dez pontos nas pesquisas.

O rápido avanço da Lega, bem como as circunstâncias da natureza de sua ascensão, indicam a intensa volatilidade da política italiana pós-1992 e, de fato, a instabilidade desse novo bloco. Durante sua passagem pelo Ministério do Interior, de junho de 2018 a agosto de 2019, Salvini se tornou o mais recente *show* pessoal na política italiana, usando confrontos bem orquestrados com ONGS, Bruxelas e operações de resgate de migrantes para se colocar no centro da arena política. Se, nos anos 1990, Berlusconi baseou sua carreira política em seu império televisivo, e nos anos 2000 Beppe Grillo construiu um partido em torno de seu blogue, o meio favorito de Salvini é o Twitter, à medida que as mensagens políticas se tornam ainda mais individuais e, de fato, concisas. Salvini lançou as bases para uma polarização duradoura na política italiana, aliando os programas da velha Lega a favor de cortes de tributos, antiestatismo e anti-imigração com um novo e galvanizador impulso nacionalista. No entanto, como veremos neste capítulo, as formas mais centradas na personalidade que a Lega assumiu sob a liderança de Salvini apresentam contradições em si mesmas. Se a Lega Nord há muito havia construído suas estruturas sobre uma organização de quadros, semelhante à dos antigos partidos de massa, a nova Lega parece ter assumido seu crescimento em uma base muito mais instável. Ao mesmo tempo, seus redutos históricos no Vêneto e na Lombardia permanecem ancorados nas tradições separatistas da antiguidade – um espírito autônomo do Norte que não é facilmente dissuadido pelo sucesso do partido em nível nacional.

Indo para o Sul

O gosto de Salvini pelos holofotes era evidente desde a sua juventude: aos 21 anos, ele fizera duas aparições distintas em programas de perguntas na televisão. (Matteo Renzi só apareceu uma vez na Roda da Fortuna.) Certa lenda gosta de apresentar Salvini como um esquerdista desiludido, ligando a busca de seu partido por apoio entre ex-comunistas às suas visitas juvenis ao centro social Leoncavallo em Milão. Na verdade, embora na adolescência ele ocasionalmente assistisse a shows no centro social Leoncavallo, ele nunca foi politicamente ativo e, aos 20 anos, era conselheiro municipal da Lega Nord em Milão. Eleito para esse cargo em 1993, ele passou as duas décadas seguintes promovendo cargos idênticos ao de Bossi, ostentando sua identidade de padaniano e reivindicando que regiões como sua própria terra lombarda fossem libertadas do Sul. As imagens agora constrangedoras de Salvini mostram que ele nem sempre gostou de fazer o papel do patriota italiano. Ele não só usava camisas com gola verde da Lega Nord, mas também camisetas com as palavras "Padania is not Italy" [A Padânia não é a Itália] – escritas em inglês, como numa tentativa de reconhecimento internacional. Quando a Itália chegou à final da Copa do Mundo de 2006, orgulhosamente declarou que torceria pela França.

Eleito para liderar a Lega Nord após a derrota nas eleições gerais em fevereiro de 2013, quando obteve apenas 4,3% dos votos, Salvini tinha a tarefa de salvar o partido da extinção total. Diante da ascensão da "revolução" *on-line* do M5S, o grupo cada vez mais estreito de apoiadores da Lega que compareceu à festa de verão em Pontida parecia ainda mais paroquial do que o normal. Mas, se a repulsa popular pelo governo tecnocrático de Mario Monti não inspirou apoio à Lega Nord, as convulsões dos partidos mais tradicionais continuaram a oferecer oportunidades. Isso se deve em particular à crise do Povo da Liberdade de Berlusconi, após as eleições, primeiro ingressando em uma coalizão com o Partido Democrático e, em seguida, separando-se deles em agosto de 2013, quando o PD falhou em protegê-lo de sua condenação por fraude. Com esse golpe, que levou Berlusconi a ser banido de cargos públicos, o magnata também perdeu o controle de seu partido. Como vimos, seu protegido de longa data, Angelino Alfano, rompeu com todos os ministros do PdL em exercício para formar o Partido Nova Centro-Direita, que permaneceu no governo junto com o Partido Democrático e o Escolha Cívica de Monti.

Certamente, houve uma confusão maior de identidades políticas. Não só o nascente M5S afirmava estar acima da direita e da esquerda, mas o partido de Alfano, o Nuovo Centrodestra, era agora considerado nas pesquisas de opinião como uma força de "centro-esquerda" devido à sua aliança com o PD. No entanto, até mesmo a posição da Lega estava indefinida. Desde a fase de oposição mais dura de Bossi no final dos anos 1990, o partido havia abandonado sua retórica separatista, tornando-se parte de um bloco maior de centro-direita nos anos 2000. Tendo assumido a liderança do partido após a queda de Bossi em 2012, Maroni tentou consolidar a base da Lega com um novo impulso regionalista, insistindo que poderia desempenhar um papel independente no bloco de centro-direita semelhante ao pacto entre a União Social Cristã da Baviera e a União Democrata Cristã Alemã. Se tal proposta implicava que os partidos de direita teriam de dividir as diferentes regiões, o projeto de Salvini era muito mais radical: uma tentativa de transformar a Lega em um partido nacional. Tendo se tornado líder no momento da maior crise da Lega, um homem que passou a vida a serviço de Bossi ousou substituir a identidade histórica do partido pela sua própria.

Noi con Salvini [Nós com Salvini] foi a primeira expressão dessa mudança, fazendo avançar a Lega no centro-Sul da Itália e também regulamentando o partido sob seu novo secretário. Modesta em seus primeiros resultados, essa experiência, no entanto, mostrou a disposição de Salvini tanto de levar seu partido além de seus centros históricos quanto de começar a ganhar o apoio de outros partidos de direita. Nisso, contou com o apoio do deputado Angelo Attaguile, filho de um ministro da DC e ele próprio líder juvenil daquele partido na década de 1970. Attaguile desertou para a Lega em 2013 após ser eleito em uma lista berlusconiana na região da Campânia de Nápoles. Embora tal perfil possa sugerir uma reciclagem clássica de pessoal entre as partes, Salvini escolheu Attaguile para apoiá-lo em uma visita a Palermo, Sicília, em 8 de fevereiro de 2015, na qual, aparecendo com um moletom em que estava escrito "Sicília",[129] se desculpou com os sicilianos pela retórica antissulista do passado e insistiu que lutar contra a máfia era sua prioridade. Reiterando que ele

---

[129] "Salvini a Palermo, parte la protesta 'Toni eccessivi, mi scuso coi siciliani'", Giornale di Sicilia, 8 de fevereiro de 2015.

"sempre atacou a má política no Sul", Salvini enfatizou os pontos de discussão sobre a lei e a ordem, incluindo uma repressão ao comércio ilegal no trabalho agrícola.

No entanto, Salvini também levantou a hipótese de uma virada para um espaço mais convencionalmente de extrema direita, movendo seu partido para longe de Berlusconi e em direção a forças mesmo fora da coalizão tradicional de centro-direita. Isso se viu no primeiro comício da Noi con Salvini em Roma em 28 de fevereiro de 2015, uma manifestação contra Renzi na qual o líder da Lega falou ao lado de Simone Di Stefano, líder do centro social neofascista de Roma CasaPound. Esse grupo – de tom relativamente mais jovem e mais experiente com a mídia do que outras subculturas neofascistas – até formou uma curta frente anti-União Europeia ao lado de Salvini chamada Sovranità [Soberania], embora tenham rompido relações formais no final de 2015. Um passo menos radical foi a presença no comício de Giorgia Meloni, líder do Irmãos da Itália [Irmãos da Itália], descendente histórico do Movimento Social Italiano – Aliança Nacional. Nas eleições regionais de 2016 no Lácio (região de Roma), Noi con Salvini deu seu primeiro grande impulso eleitoral como parte da campanha de Meloni.[130] No entanto, o salto foi muito tímido: na capital, os candidatos do partido, liderados pela ex-presidente do Parlamento da Lega, Irene Pivetti, obtevе 2,7% dos 20,6% da aliança com Meloni e, em outras pequenas cidades, da mesma forma, obtevе percentuais muito baixos.

A trajetória do partido no Sul e no centro da Itália encontrou resistências, tanto internas quanto externas à Lega. A primeira aparição de Salvini em Palermo foi recebida com manifestações (bem como uma chuva de ovos e vegetais podres), e até

---

[130] Nas eleições regionais de 2015, Noi con Salvini teve um punhado de candidatos, acumulando menos de 40 mil votos em todo o Sul.

mesmo a direita que lembrava o uso de Salvini do termo racista *terroni* para sulistas não estava necessariamente receptiva a seu novo e "inclusivo" nacionalismo. Noi con Salvini também carecia de estruturas partidárias nas regiões do Sul, contando, em vez disso, com o perfil público de ex-líderes da DC e da Forza Itália integrados em suas fileiras, como Attaguile e o controverso deputado regional siciliano Tony Rizzotto. Salvini, no entanto, também tentou apontar o quão diferente ele era dos partidos da Segunda República. Ele sublinhou a importância histórica de sua agenda "anticorrupção", também por meio de sua insistência repetida de que a Lega não queria mais alianças com Berlusconi.[131] Questionado por um jornalista como ele poderia opor a Lega Nord à Força Itália quando o próprio Bossi caíra por uma condenação por peculato, Salvini insistiu brandamente que não poderia assumir qualquer responsabilidade pelas escolhas feitas em outros tempos.

Mover a Lega além de sua base histórica não era apenas uma questão de ir em direção ao Sul. A decisão de tornar o partido uma força por toda a Itália foi decisiva para mudar o perfil geral da Lega, passando de uma agenda regionalista para uma agenda mais marcadamente nacionalista, eurocética e anti-imigração. Mas a Lega também precisava hegemonizar a direita em áreas do centro-Norte da Itália que havia muito eram redutos da esquerda. Nos mapas eleitorais da Primeira República, as chamadas regiões vermelhas da Emília-Romanha, Toscana, Marcas e Umbria eram frequentemente as únicas regiões pintadas com o vermelho do Partido Comunista Italiano, centros históricos do movimento operário até o século XIX. Mesmo assim, nessas regiões sempre houve eleitores de classe média,

---

[131] Para exemplos repetidos desse período de 2012 a 2015, ver Matteo Marini, "Quando Salvini diceva 'Mai più con Berlusconi'", *Wilditaly.it*, 9 de abril de 2015.

católicos e conservadores, que, com o enfraquecimento de Berlusconi, a Lega esperava reunir sob sua própria liderança. Depois de ultrapassar a Força Itália na votação regional em 2014 na Emília-Romanha, em 2015 a Lega liderou listas comuns com o pós-fascista Irmãos da Itália na Toscana (16%, em comparação com 6,5% em 2010) e Marcas (13%, em comparação com 6% em 2010), também se tornando a maior força no bloco de centro-direita na Umbria.

O avanço da Lega nessas eleições regionais se deve principalmente a uma mudança no equilíbrio de poder – um processo de radicalização – dentro da centro-direita, em vez da própria conquista de ex-eleitores de esquerda. Na melhor das hipóteses, ele poderia contar com altas taxas de abstenção de eleitores antes leais ao Partido Comunista e seus sucessores. Ao mesmo tempo, embora o simbolismo da Lega estendendo seu alcance ao antigo coração do PCI fosse impressionante (e amplamente notado),[132] sua ascensão nessas disputas foi na verdade muito menor do que as perdas de Berlusconi. Essa dinâmica era visível também nos próprios redutos da Lega. No Vêneto, em 2015, o presidente da Lega, Luca Zaia, foi reeleito com 50,1%: os votos na Lega permaneceram estáveis em quase 800 mil, mas os quase 500 mil votos perdidos por Berlusconi significaram que Zaia caiu 10,1% no geral. Na historicamente menos favorável Ligúria, a Lega quase dobrou sua pontuação de 10,2% para 20,3%, favorecendo decisivamente a eleição de um presidente da Força Itália, Giovanni Toti; ainda assim, a centro-direita como um todo caiu de 47,8% para 34,4%, com os dois blocos principais perden-

---

[132] "Regioni non più rosse: ecco perché la sinistra sta perdendo le sue roccaforti storiche", Linkiesta, 29 de outubro de 2019; "Italy's Salvini Triumphant in Left-Wing Stronghold of Umbria", BBC News, 28 de outubro de 2019; Nicholas Farrell, "Salvini's Plan to Smash Italy's Red Wall", Unherd, 24 de janeiro de 2020.

do por apoio ao M5S e pela abstenção. Em sua estreia, o M5S foi de longe a força mais dinâmica nessas regionais, não ganhando nenhuma presidência, mas fazendo muito para arrebatar eleitores dos principais blocos de centro-esquerda e centro-direita.

A Lega ultrapassou a Força Itália no Norte da Itália e nas antigas regiões vermelhas, mas não se mostrou capaz de formar um bloco independente à maneira do M5S. Em vez disso, em meio à especulação de eleições gerais antecipadas, Salvini voltou-se para uma aliança de direita. Tal votação não poderia acontecer de imediato: em 2014, o Tribunal Constitucional havia demolido o sistema eleitoral em uso desde 2006, considerando inconstitucional sua pretensão de garantir a maioria para a maior coalizão. O ímpeto político por trás da convocação de um novo sistema de votação também era devido ao resultado das eleições gerais de 2013, quando o mau funcionamento desse sistema na eleição para o Senado não levou a nenhum escrutínio geral – e, portanto, a uma grande coalizão. As discussões sobre essa reforma estiveram, portanto, mais uma vez no centro dessa legislatura. Em primeiro lugar, isso serviu como um meio para Renzi colocar Berlusconi de volta na briga política em 2014 (o chamado "Pacto Nazareno"), enquanto ele buscava um aliado para promover um sistema mais binário. No entanto, em 2017, a Lega decidiu apoiar com força esse projeto, e em outubro foi formulado um novo sistema mais majoritário. Esse sistema prometeu distribuir 61% das cadeiras na Câmara dos Deputados com base no sistema proporcional, em uma mudança concebida para ajudar a consolidar amplamente os blocos de centro-esquerda e centro-direita. Apenas o M5S se opôs, temendo perder ainda mais em uma votação com três forças.

Mas se a direita viu a necessidade de unidade, não estava claro quem iria guiá-la. O candidato histórico Berlusconi anunciou seu retorno à luta em março de 2017, buscando ser o primeiro-ministro de centro-direita, apesar da proibição de ocupar cargos públicos. Isso ganhou pouca atenção da Lega, que não queria mais jogar em segundo plano. No entanto, enquanto Salvini brincava publicamente com a ideia de concorrer separadamente, tanto a lógica majoritária do sistema eleitoral quanto os resultados das eleições sicilianas de dezembro de 2017 – em que uma fragmentária aliança de direita derrotou surpreendentemente o M5S – mostraram que não se tratava de uma perspectiva séria. O que a líder pós-fascista dos Irmãos da Itália Meloni chamou de "pacto *arancino* [bolinho de arroz]" nas eleições sicilianas foi na verdade um ensaio para uma aliança em nível nacional nas eleições gerais de 4 de março de 2018. Berlusconi ainda era uma força poderosa, graças a seu império midiático – ele agora estava desempenhando o papel de pecador penitente, avô amoroso e amante dos animais, buscando redenção após seus infortúnios com os tribunais. Ainda assim, ele havia perdido seu papel hegemônico na aliança de direita: Salvini demoliu seus planos de nomear um "substituto" leal que serviria como primeiro-ministro em seu lugar. Se os cartazes da Força Itália invocavam incongruentemente pelo "presidente Berlusconi", a Lega, em vez disso, propôs o nome de seu próprio líder.

Sangue em suas mãos

Durante a preparação para as eleições gerais, a atenção da mídia internacional foi menos focada na ascensão da direita como um possível evento de crise – a possibilidade de que os partidos antieuro estivessem à beira do poder. Embora Berlusconi tenha caído em desgraça com figuras europeias de centro-direita, como Angela Merkel, no auge da crise da dívida soberana em 2011, ele agora se apresentava como um defensor "antipopulista" do europeísmo, tanto aberto a um acordo com o PD quanto capaz de controlar os impulsos radicais da Lega. Ele se manteve firme na lógica da aliança com Salvini: o elemento da maioria simples do novo sistema eleitoral recompensava as coalizões, incentivando assim a formação de uma direita ampla. No entanto, com assentos distribuídos entre os partidos individuais, não havia vínculo necessário entre as coalizões pré-eleitorais e as alianças que poderiam mais tarde tomar forma no Parlamento. A campanha foi, portanto, caracterizada por intensa especulação na imprensa sobre quanto tempo essas coalizões durariam após o próprio dia das eleições. As pesquisas mostraram que tanto os eleitores do PD quanto os da Força Itália favoreciam a coalizão antipopulista do centro – um termo agora amplamente entendido como englobando Berlusconi e também o principal partido de centro-esquerda. Por sua vez, Luigi di Maio ameaçou dificultar esses planos ao propor seu próprio projeto de aliança: ao mesmo tempo que fazia questão de não buscar coalizões, também fazia referências vagas à possibilidade de acordos com a Lega, a Livres e Iguais[133] de centro-esquerda, ou mesmo o PD "sem Renzi" – contanto que concordassem em implementar a agenda do M5S.[134]

Assim, mesmo antes das eleições, a perspectiva de um futuro realinhamento se assomava, consolidando uma nova cisão entre o liberalismo (representado pelo PD e pela Força Itália) e o euroceticismo (representado pelo M5S e pela Lega). A imprensa financeira advertia que as incertezas da política italiana poderiam criar o próximo evento de crise do euro – ou mesmo um mandato para uma real "Italexit". Ainda assim, após uma inspeção mais detalhada, os forasteiros que cercavam o centro político não estavam tão preocupados em deixar o euro, afinal. Em anos anteriores, o M5S chegou ao ponto de convocar um re-

---

[133] "Di Maio: 'Con la Lega o con 'Liberi e Uguali'? Valuteremo dopo il voto'", ANSA, 31 de dezembro de 2017.

[134] Ilario Lombardo, "Svolta a 5 Stelle per il governo: 'Patto con il Pd senza Renzi'", *La Stampa*, 19 de dezembro de 2017.

ferendo sobre a moeda única (embora não tenha efetivamente apoiado a saída do euro); no final de 2017, abandonou abruptamente esse pedido, inclusive deletando a página da internet que antes hospedava uma petição nesse sentido. Sob a liderança de Bossi, a Lega Nord havia inicialmente apoiado com entusiasmo a ideia de uma Padânia europeia, mas uma vez que a Itália se encaminhou para o ingresso na zona do euro, abandonou essa orientação e adotou posições eurocéticas. Isso atingiu seu pico em novembro de 2013, quando o novo líder Matteo Salvini realizou a manifestação do "Dia sem Euro" junto com os economistas antieuro Claudio Borghi e Alberto Bagnai.

No entanto, ela também teve de lidar com os dramas internos sobre essa política, principalmente devido aos danos que a saída do euro causaria às poupanças e às empresas ligadas à Alemanha. Apesar de seu evidente entusiasmo pelo golpe que o Brexit infligiu ao liberalismo europeu, Salvini usou a aliança com Berlusconi como pretexto para desistir de qualquer conversa sobre a Italexit.

A dimensão especificamente europeia das eleições, por sua vez, dizia respeito à imigração, identificada pela Lega como produto do conluio das elites italianas com Bruxelas. O número de refugiados teve uma importância crescente a partir de 2013, principalmente devido à fuga humana causada pelas guerras civis na Síria e na Líbia; enquanto naquele ano o governo Letta havia lançado uma operação de busca e salvamento no Mediterrâneo, chamada Mare Nostrum, ela foi abandonada em um ano, com o argumento de Renzi de que a Europa como um todo deveria assumir tal responsabilidade. Isso foi parcialmente realizado pela Frontex da União Europeia, substituindo a Mare Nostrum por uma missão mais voltada para manter os refugiados longe da Itália – e menos para salvar vidas no mar. Paralelamente, as autoridades europeias tentaram externalizar a repressão à migração, por meio do acordo de 2016 da União

Europeia com a Turquia e, em 2017, do acordo semelhante do ministro do Interior do PD Marco Minniti com a Líbia. Esse extenso aparato de repressão e, de fato, a retórica do líder do M5S Luigi Di Maio (condenando as perigosas viagens de refugiados pelo Mediterrâneo como "táxis para migrantes" administrados por ONGs) alimentaram a intensificação do clima anti-imigração. Mas foi Salvini quem se concentrou mais exclusiva e coerentemente nessa questão, que serviu como a liga do recém-descoberto nacionalismo italiano de seu partido. Funcionou como uma ferramenta de enquadramento para todas as outras questões que apresentou, desde a irresponsabilidade das instituições da União Europeia até o aumento da criminalidade, a imprudência das elites italianas e a corrupção das ONGs ("cooperativas falsas") que apoiam os migrantes.

O sucesso de Salvini nessa área acelerou mesmo depois de o governo liderado pelo PD começar a reduzir radicalmente o número de migrantes; tinha mais a ver com uma operação de marketing bem-sucedida – e fraca oposição à sua narrativa – do que com os efeitos materiais da migração. Isso se deve, em particular, à sua capacidade de promover casos pouco expostos de atividade criminosa por parte de migrantes, ou o que na verdade eram pequenos escândalos em cidades isoladas, como indicativos das realidades gerais que os italianos enfrentavam e do fracasso das autoridades políticas em fazer qualquer coisa a respeito. Isso foi associado a uma crítica estrutural à injustiça na distribuição de migrantes entre os países europeus e, em particular, ao Acordo de Dublin, que obriga os Estados nos quais os requerentes de asilo são registrados pela primeira vez (o que significa, em grande parte, Estados no litoral e nas fronteiras da União Europeia) a lidar com suas solicitações e depois cuidar deles enquanto essas solicitações estiverem sob análise. De fato, mesmo com o número de chegadas caindo drasticamente (de 181.436 em 2016 para 119.247 em 2017, de acordo com dados do ACNUR, e depois de 24.278 para 6.161 no primeiro trimestre de 2018), Salvini insistiu que a Itália foi invadida. Esses números eram cerca de metade a dois terços do número de emigrantes italianos.

Havia, no entanto, poucos sinais de retrocesso em qualquer outro lugar no espectro político. O racismo generalizado da sociedade italiana – combatido por ONGs, uma pequena esquerda ativista e algumas forças católicas – foi exemplificado nos assuntos finais da legislatura de 2013-2018. Então, o governo liderado pelo PD fez um esforço surpreendentemente apático para instituir o chamado *ius soli*, ou seja, para conceder a cidadania a filhos de não cidadãos nascidos em solo italiano (atualmente cerca de 800 mil pessoas). A principal oposição explícita veio dos partidos de direita, ainda que sua aprovação no Parlamento só tenha falhado graças à abstenção de 29 senadores do Partido Democrático e 35 do M5S (todo o seu grupo no Senado), nenhum dos quais apoiou o projeto de lei. A resposta da Lega a esse debate foi, de fato, um exemplo particularmente severo de seu chauvinismo, buscando negar não apenas a cidadania a filhos de imigrantes nascidos na Itália, mas serviços públicos básicos. É o caso da prefeita de Lodi, da Lega, em seu centro histórico na Lombardia. Em novembro de 2017, ela emitiu um decreto para impedir que cidadãos de fora da União Europeia usassem ônibus escolares ou consumissem a merenda escolar: a maioria dos afetados havia nascido na Itália, mas ainda assim teve de sofrer porque seus pais eram africanos.

A linha anti-imigração de Salvini também teria um papel dominante na própria campanha eleitoral. Isso foi ilustrado de forma mais dramática pela resposta política a um ataque terrorista em Macerata, Marcas, em 3 de fevereiro de 2018. Nesse tiroteio – apenas cinco semanas antes das eleições –, o supremacista branco Luca Traini abriu fogo contra um grupo de migrantes africanos antes de apontar sua arma para a sede local do PD. Seis pessoas ficaram feridas. No ato de sua prisão, Traini carregava uma bandeira italiana nos ombros e fez uma saudação fascista: ele disse à polícia que estava "se vingando" pelo assassinato de um italiano de 18 anos por um nigeriano cujo pedido de asilo havia fracassado. Logo veio à tona que ele já havia concorrido como candidato da Lega Nord nas eleições locais. Enquanto grupos antirracistas foram rápidos em apontar o clima de violência crescente (e, de fato, os laços neonazistas e com a Lega Nord de Traini), a principal reação política se concentrou mais na "insegurança" que tanto enfureceu Traini. Renzi insistiu que "a Itália e os italianos devem ser defendidos pela polícia, não por homens armados",[135] enquanto o ministro do Interior, Minniti, disse que reduziu a migração para "evitar esse tipo de ataque".[136] Salvini expressou a mesma mensagem em termos mais fortes, acrescentando que "claramente, a imigração descontrolada, uma invasão como a organizada, desejada e financiada nos últimos anos, levará ao conflito social".[137]

O acirrado debate sobre a imigração em massa – apresentado por todos os principais partidos como causa central do crime – permitiu à Lega polarizar o eleitorado de direita em torno de sua agenda identitária, promovendo-a também na vanguarda da luta contra a "esquerda". O fato de o tiroteio ter sido perpetrado por um membro da Lega não afetou a intenção de votos no partido, que ficou atrás da Força Itália por cerca de quatro pontos. No mínimo, o ataque serviu ao propósito pretendido

---

[135] Matteo Renzi (@matteorenzi), "Quello di Macerata è un atto razzista, ma non sono i pistoleri…", Twitter, 5 de fevereiro de 2018, disponível em: https://twitter.com/matteorenzi/status/960465127945461760.

[136] "Macerata, Minniti: 'Ho fermato sbarchi perché avevo previsto Traini. Accordo con Libia? Patrimonio dell'Italia'", *Il Fatto Quotidiano*, 8 de fevereiro de 2018.

[137] Piera Matteucci, "Raid razzista a Macerata, Salvini: 'Colpa di chi ci riempie di clandestini'. Renzi: 'Ora calma e responsabilità'", *La Repubblica*, 3 de março de 2018.

de radicalização, levando o próprio Berlusconi a adotar uma linha mais clara, justamente para derrotar a competição com a Lega. Em um anúncio tipicamente bombástico, o frequentemente condenado magnata convocou a remoção iminente da Itália de 600 mil imigrantes irregulares, argumentando que os "governos de esquerda dos últimos anos" haviam permitido "a criação de uma bomba social", dado o "número de migrantes cometendo crimes".[138] No entanto, enquanto o proprietário-gerente da Força Itália também destacou medidas mais "centristas", incluindo o "Plano Marshall para a África" para desacelerar a imigração, a Lega adotou tons mais duros contra outras forças políticas, argumentando que o PD tinha "sangue nas mãos" por permitir a imigração em massa para a Itália.

Anatomia do voto

Os primeiros resultados na noite de 4 de março de 2018 foram um choque. Ambos os partidos insurgentes se saíram melhor do que as pesquisas previam, e houve um colapso do centro ainda maior do que o esperado. O grande vencedor foi o M5S, cuja pontuação de 32% superou todas as previsões das pesquisas. Enquanto o PD caiu para 18%, uma baixa histórica, e as forças de esquerda tiveram pontuação miserável, a maior surpresa foi a direita. A pontuação geral de 37% da centro-direita ficou em linha com a maioria das pesquisas, mas a grande notícia dos resultados do programa "Maratona Mentana" no telejornal *La7* foi o ponto de inflexão dentro do bloco de direita. Embora as pesquisas tenham mostrado consistentemente o partido de Matteo Salvini logo atrás da Força Itália, a Lega acabou vencen-

---

[138] Marco Conti, "Migranti, Berlusconi: 'Bomba sociale pronta a esplodere'. Erdogan: 'Spari a Macerata? È terrorismo'", Il Mattino, 4 de fevereiro de 2018.

do o partido de Berlusconi, com 17,4% contra 14% dos votos. Essa foi a primeira vez em que a Lega foi o maior partido de direita em uma eleição nacional. No início, era impossível dizer como um governo poderia ser formado, com o PD e a Força Itália sem um número suficiente de cadeiras para formar uma grande coalizão e um quadro geral de fragmentação. Mas, com a Lega e o M5S totalizando mais da metade das cadeiras, seria impossível formar uma coalizão que excluísse ambos.

Como na votação de 2013, e na verdade na revolução política de 1994, nas eleições gerais de 2018 os italianos desferiram um duro golpe nos partidos anteriormente dominantes. Mas isso não deixou claro que tipo de mudança eles queriam. Nas primeiras eleições da Segunda República, foram as forças de direita que exploraram o clima anticorrupção, detendo o ex-comunista PDS, enquanto na disputa de 2013 o M5S foi a única força verdadeiramente dinâmica. Dessa vez, dois radicalismos distintos se beneficiaram em detrimento dos partidos que se consideravam mais moderados e centristas. Sem dúvida, ambos mobilizaram o descontentamento pela gestão da crise econômica e pela imigração. No entanto, os partidos que venceram em 4 de março não estavam unidos por nenhuma posição comum (ou mesmo clara) sobre a Europa e, em termos econômicos, estavam em total contradição. Embora ambos tenham prometido reduzir a idade de aposentadoria, a garantia do M5S sobre pagamentos de benefícios para candidatos a emprego parecia difícil de conciliar com o pedido da Lega de um imposto fixo de 15%, ameaçando varrer até 100 bilhões de euros dos cofres do Estado.

A base social dos dois partidos insurgentes também apresentava muitas – e relacionadas – diferenças, mapeando a lacuna entre o M5S, relativamente mais baseado no bem-estar, e a Lega, voltada a uma forte redução de tributos. De acordo com os dados pós-eleitorais da Ipsos, de fato, a votação do M5S foi muito mais forte entre os funcionários públicos (41,6%) do que entre seus homólogos do setor privado (34%), enquanto a Lega, em vez disso, tinha um viés ainda mais acentuado na direção oposta. Estima-se que tenha levado 18,7% dos votos dos trabalhadores do setor privado, em comparação com 12,8% do setor público. Seu voto entre operários e similares (uma coleção desordenada de operários e trabalhadores braçais; 23,8%) era na verdade ligeiramente mais alto do que entre pequenos empresários, comerciantes e artesãos (23,6%); assalariados e servidores públicos, por outro lado, foram a segunda categoria mais fraca, assim como empresários e gestores de topo (12,9%). Em termos de idade, de fato, o voto no M5S tornou-se mais homogêneo em relação à disputa anterior de 2013, pois triplicou o seu apoio entre os aposentados (para 26,4%, apenas um ponto atrás do PD, primeiro nessa categoria).[139] Seu eleitor médio era, no entanto, cerca de uma década mais jovem do que seu homólogo da Lega.

Esse estudo da Ipsos indicou sobretudo viradas eleitorais – quem perdeu votos para quem, em relação à última eleição de 2013, e quais partidos conseguiram manter a base anterior. Notável aqui foi o colapso do voto no PD após seus anos no governo, já que apenas 43% de seu eleitorado de 2013 se alinharam novamente para o partido em 2018. Isso não significou, no entanto, que o voto na centro-esquerda desertou diretamente para a direita populista. As outras escolhas principais foram a abstenção (como aconteceu com 22% dos eleitores do PD em 2013) ou o voto no M5S (14%); na verdade, a maior parte do restante voltou-se para outros partidos mais à esquerda do que para a Lega (que reuniu apenas 2% desses apoiadores recentes do PD). Muito mais estável foi o M5S, que reteve 76% de seu eleitorado em 2013; perdeu 9% para a abstenção, embora tenha obtido o maior consenso entre os não votantes de 2013. Mas particularmente

---

[139] Ipsos, "Elezioni Politiche 2018. Analisi Post-Voto", março de 2018, disponível em: https://ipsos.com.

notável aqui foi a fonte dos votos na Lega, que foram atraídos de forma esmagadora de outros partidos de direita, e não da esquerda nem do M5S. Dos que votaram na coalizão de direita há cinco anos, cerca de 41% optaram pela Lega, em comparação com 33% da Força Itália e 8% do M5S. Enquanto isso, apenas 6% dos eleitores do M5S em 2013 se voltaram para a Lega. Em 4 de março de 2018, a ascensão do partido de Salvini se deveu muito mais às mudanças de posição dentro do bloco da direita – ao colapso de Berlusconi – do que a qualquer outra dinâmica.

Esses dados também questionam a ideia de que a Lega se tornou o novo "partido dos trabalhadores" ou mesmo assumiu as antigas "muralhas vermelhas". Essas análises, sem dúvida, trazem alguns elementos de profundidade ao identificarem a mudança de classe dentro da centro-esquerda, muito atrás da Lega e principalmente do M5S entre grupos como os trabalhadores braçais e os desempregados. No entanto, a distribuição territorial e setorial dessa votação sugere que a Lega está fazendo pouco para reunir ex-esquerdistas descontentes, baseando seu apoio na radicalização de uma base de direita pré-existente. Ao contrário da tradicional base sindical italiana, que está muito mais inclinada a votar no M5S ou a se abster, o voto na Lega por parte dos trabalhadores braçais parece se adequar mais ao esquema sugerido por Amable e Palombarini, em que trabalhadores de pequenas e médias empresas sofreram os efeitos do euro em conjunto com seus patrões sob pressão. Essa leitura também é confirmada pelos dados da pesquisa da SWG sobre os eleitores de 1987 (Tabela 2.3), que mostram a Lega em segundo lugar entre os ex-eleitores da DC em 2018 (20%), mas apenas em quarto lugar entre aqueles que costumavam apoiar o PCI (9%). Nessas eleições gerais, como nas disputas municipais e regionais subsequentes, a Lega repintou muitas fortalezas antigas vermelhas em seu próprio verde escuro. Mas seu maior aliado nesse caso não foram tanto seus próprios esforços para reunir ex-eleitores de esquerda, mas o fato de que estes simplesmente não votavam mais.

Impondo hegemonia

Até agora, concentramo-nos nos processos que desestabilizaram os partidos da Segunda República, permitindo ao Movimento Cinco Estrelas e à Lega darem seus respectivos passos nas eleições gerais de 2013 e 2018. Enquanto o M5S foi mais capaz de reunir eleitores descontentes com a centro-esquerda e, de forma mais geral, mobilizar uma rejeição transversal dos códigos políticos consolidados, o sucesso da Lega residiu sobretudo na radicalização da direita. No entanto, a partir desse resultado eleitoral, em que essas duas forças forasteiras juntas receberam 50% dos votos, elas têm se desenvolvido em direções completamente diferentes. Já comentamos as observações do cientista político Ilvo Diamanti, segundo as quais, mesmo diante de uma crise nas estruturas de representação política, também é importante explicar quais características de um determinado insurgente o tornam mais capaz do que outros de se impor como uma alternativa. Em nossa opinião, isso se aplica não apenas à ascensão eleitoral inicial do forasteiro, mas também à sua capacidade de formar uma hegemonia duradoura, não apenas superando o teste do poder institucional, mas também recompondo o campo político mais amplo. A experiência dos dois partidos populistas desde março de 2018, e especialmente desde que formaram um governo no início de junho, é um excelente exemplo desse problema. Enquanto o eclético Movimento Cinco Estrelas rapidamente começou a se fragmentar ao longo de suas próprias falhas internas, a Lega de Salvini usou sua organização mais coerente para consolidar seu poder.

Essas diferentes trajetórias foram, de fato, evidentes mesmo durante as próprias negociações da coalizão. O M5S nunca havia feito alianças em nível local ou regional: o seu dirigente Luigi di Maio insistiu antes das eleições que estaria disposto a aceitar apenas o apoio das forças que aderissem ao programa do M5S. Mas o resultado surpreendentemente forte de seu partido o forçou a assumir a liderança na formação de um novo governo. Dada a nova aritmética parlamentar, era impossível formar uma maioria que excluísse tanto o M5S quanto a Lega. Isso logo resultou em dois conjuntos alternativos de negociações de coalizão liderados por Di Maio, o que ele chamou de "dois fogões" que ele estava aquecendo. Por um lado, havia a perspectiva de um acordo entre o M5S e a centro-direita, perspectiva confirmada quando o Parlamento se reuniu novamente no início de abril e essas forças votaram para distribuir os importantes papéis institucionais dos presidentes de cada órgão entre si. Por outro lado, ansioso por não ser visto virando para a direita, Di Maio também manteve conversações públicas com o PD.

Alguns adeptos proeminentes do M5S na mídia apoiaram esse curso de ação, mais notavelmente o jornal investigativo *Il Fatto Quotidiano*, muitos de cujos membros vêm de círculos de esquerda. No entanto, as origens do M5S como uma revolta contra a "casta política" tornavam esse acordo improvável; de fato, o PD estava relutante em abraçar uma força hostil como o M5S, que há muito caracterizava como antidemocrática e eurofóbica. Depois de uma péssima derrota eleitoral, o PD não podia arriscar ficar em segundo plano em relação ao M5S, o que teria diluído ainda mais sua consistência. O ex-primeiro-ministro Matteo Renzi, uma perpétua eminência obsoleta, ironicamente sugeriu que o PD se beneficiaria ainda mais vendo o M5S e a Lega testados no governo: ele queria "relaxar com um balde de pipoca e assistir" os gêmeos populistas no poder.[140] Quan-

---

[140] Fabio Martini, "La scommessa vinta di Renzi: 'E adesso pop-corn per tutti'", *La Stampa*, 10 de maio de 2018.

to a Salvini, sua atitude foi moldada por sua determinação em consolidar sua posição como o novo líder do bloco de direita, depois de surpreendentemente ultrapassar a Força Itália de Berlusconi nas eleições. Para o líder da Lega, seria impensável servir apenas como parceiro júnior do M5S. Se fosse para trazer seu partido para o governo, isso teria de ser feito em pé de igualdade e acontecer com o consentimento tácito de seus aliados de direita.

O fator decisivo nesse sentido foi o mecanismo de um "contrato", discutido pelo M5S e pela Lega. Do ponto de vista de Di Maio, isso servia como uma espécie de defesa contra a acusação de que seu partido havia se lançado para a direita. Em vez de buscar uma coalizão com a Lega, ele insistiu que tudo o que estava na agenda era uma transação de curto prazo, na qual o controle dos ministérios e a agenda do governo nacional seriam compartilhados, mas sem aceitar qualquer aliança política mais ampla – por exemplo, como a colaboração em conselhos e eleições regionais ou locais. A Lega, de fato, permaneceria parte do bloco de direita nesses níveis, mesmo que nem a Forza Itália nem os pós-fascistas fizessem parte da maioria do governo em nível nacional. Ao mesmo tempo, o contrato incluiria as promessas eleitorais tanto do M5S quanto da Lega, agora transformadas em políticas. Com o pequeno problema de que as políticas escritas no contrato eram incompatíveis, todo o documento não tinha custos. Assim, o pedido da Lega por um imposto fixo de 15% foi acompanhado pelos planos do M5S para uma "renda básica cidadã" para os desempregados.

Entretanto, outros elementos da negociação – e do acordo – mostraram o quanto o M5S foi contornado por Salvini. Embora não tenha assegurado compromissos específicos para a regeneração em seu coração no Sul, o compromisso da Lega com uma maior autonomia das regiões do Norte foi mencionado. Um compromisso teórico de renegociar a dívida da Itália com a União Europeia permaneceu vago o suficiente para apaziguar os dois lados. Mas a nomeação de ministros jogou muito a favor da Lega. Em um esforço para garantir que nenhum dos líderes dos partidos dominasse a coalizão, o primeiro-ministro escolhido foi o independente Giuseppe Conte. Um professor de direito sem partido nem base no Parlamento, ele era na verdade tão desconhecido que não tinha sequer uma página na Wikipédia antes da discussão de seu provável termo como primeiro-ministro (um caso claro do desejo do M5S de frustrar os jornalistas). O candidato a ministro das Relações Exteriores foi Enzo Moavero Milanesi, um tecnocrata independente e de carreira que fora ministro dos Assuntos Europeus durante as administrações de Monti e Letta no início da década de 2010. Outras opções eram mais políticas: Di Maio seria ministro do Trabalho, na tentativa de consolidar a posição do M5S como partido operário. No entanto, dois outros cargos fizeram muito mais para definir a agenda do governo. O primeiro foi o de ministro do Interior, entregue pessoalmente a Salvini. Depois de uma campanha eleitoral que a Lega travou com um duro programa de lei e ordem pública dirigido principalmente contra os imigrantes, esse papel ofereceu a Salvini uma plataforma perfeita para galvanizar sua própria base – e usá-la para construir sua popularidade entre os eleitores dos outros partidos de direita sem uma plataforma semelhante.

Paradoxalmente, talvez ainda mais decisiva foi a nomeação do ministro da Economia. No final de maio, cerca de 11 semanas após as próprias eleições gerais, o novo governo estava pronto para estrear, com Paolo Savona elencado para assumir o controle das finanças do país. Tal como no caso do gabinete do primeiro-ministro e do Ministério das Relações Exteriores, esse papel deveria ser confiado a um homem sem partido. Savona pode não ter parecido uma escolha particularmente notável: economista profissional, em vez de um político eleito, ele havia sido ministro da Indústria no gabinete tecnocrata de 1993-1994 e, em seguida, liderou as relações entre o governo de Berlusconi e as instituições da União Europeia em meados da década de 2000. No entanto, sua escolha logo ameaçou inviabilizar o acordo entre M5S e Lega, já que o presidente da República Sergio Mattarella se recusou a assinar sua nomeação. Insistindo na necessidade de apoiar o compromisso da Itália com a Europa, os defensores de Mattarella reiteraram que o euroceticismo de Savona – expresso em um antigo artigo acadêmico em que especulava como a Itália poderia se preparar secretamente para uma saída repentina da zona do euro – arriscava levar o governo muito além do que os eleitores haviam determinado. Essa decisão sem precedentes foi chocante: a revista de centro-esquerda *L'Espresso* chamou-o de o "momento mais sombrio da história da República".[141] Se o editor desse jornal se referia aqui mais ao impasse que à decisão de Mattarella, outros ao longo do espectro político consideraram esse ato antidemocrático, colocando os critérios europeus como uma barreira à maioria parlamentar.

Essa crise demonstrou de forma brilhante os pontos fortes de Salvini. Depois de uma temporada de cobertura midiática negativa – em que o *Le Monde* de Paris caricaturou a Itália como um bebê na mesa europeia, a FAZ de Frankfurt a chamou de "criança problemática da Europa" e o *Der Spiegel* de Berlim denunciou uma terra de "pedintes agressivos"[142] –, a condenação da iminente "experiência populista" já estava enviando exatamente a mensagem que o líder da Lega queria. Mas a rejeição do ministro das Finanças eurocético colocou o problema de forma ainda mais concreta – mesmo sem nunca se envolver

---

[141] Marco Damilano, "La notte più buia della Repubblica e quei serpenti sulla Costituzione", *L'Espresso,* 27 de maio de 2018, disponível em: https://espresso.repubblica.it.

[142] Jan Fleischhauer, "Italien: Die Schnorrer vom Rom", *Der Spiegel*, 24

em nenhuma política específica sobre as relações da Itália com a Europa, Salvini poderia amaldiçoar a determinação das elites europeias e locais em bloquear a vontade popular. Quando, em vez disso, o presidente Mattarella deu início ao processo de formação de um governo alternativo, confiando um mandato exploratório ao economista neoliberal centrista Carlo Cottarelli, a Lega saltou nas pesquisas. Os resultados no dia seguinte mostraram que o partido de Salvini havia subido três pontos em uma semana, agora com 27,5%, apenas dois pontos atrás do M5S. À medida que o país caminhava para uma nova eleição geral, parecia que a mesma competição estava prestes a se repetir, mas com Salvini pronto para fazer mais ganhos.

Resta saber até que ponto a escolha de Savona foi uma provocação deliberada. Após alguns dias de escândalo, Salvini deixou o controverso ministro das Finanças em favor do economista um pouco menos eurocético Giovanni Tria. Em 1º de junho, o governo estava pronto para se formar, sem outras alterações em sua composição ou "contrato" governamental. No entanto, já nessa crise, Salvini ilustrara a dinâmica subjacente que moldaria o período dos dois partidos no governo, com o M5S lutando para comunicar a mesma mensagem de identidade do próprio líder da Lega. A resposta de Di Maio à decisão de Mattarella foi certamente uma denúncia veemente, pedindo até por seu impeachment (que não estava previsto na Constituição). Ele também comunicou uma sensação de choque com o alegado obstáculo à escolha democrática, presumivelmente suprimido por Bruxelas. No entanto, embora protestasse em vão, ele também sabia que eleições antecipadas não eram uma opção – porque seu único efeito seria fortalecer Salvini, agora disputando a hegemonia de todo o bloco de centro-direita. Também é digno de nota aqui quão pouco o líder da Lega havia arriscado.

de maio de 2018.

Ele havia se estabelecido como um líder nacional, defendendo agressivamente o direito da Itália de desafiar a União Europeia. Mas ele fez isso sem realmente insistir na necessidade de manter Savona – nem nunca especificar que a Lega estava realmente procurando uma ruptura com a zona do euro.

Em 1º de junho de 2018, o governo do primeiro-ministro independente Giuseppe Conte foi finalmente empossado. Mesmo quando seu nome começou a circular em 21 de maio, era amplamente considerado que ele não seria realmente o chefe de seu gabinete. Já no final do mês, surgiam os primeiros sinais de que nem mesmo o M5S seria. No governo, Salvini dominou a comunicação da Lega, constantemente impondo suas próprias linhas divisórias em todos os terrenos políticos. Se esse forte nacionalista usou sua visibilidade para afirmar sua liderança, já o eclético M5S em vez disso descobriu que suas contradições haviam se tornado evidentes demais.

Criando a Lega Itália

O estilo comunicativo do líder da Lega foi sem dúvida um elemento-chave para o ajudar a tirar partido das negociações pós-eleitorais e da crise em relação a Savona. Esse foi, de fato, um elemento muito alardeado do período de governo de Salvini, no qual ele usou sua plataforma no Ministério do Interior para inflamar sua própria base e provocar seus oponentes. Isso foi particularmente eficaz quando se tratou de dramatizar as chegadas de migrantes pelas redes sociais, postando *tweets* para ordenar o fechamento dos portos. Esse poder, de fato, não está nas mãos do ministro do Interior; Salvini, no entanto, conseguiu criar a imagem de uma autoridade robusta, ao ser constantemente fotografado com um uniforme de policial. Como diz o jornalista Matteo Pucciarelli em um artigo penetrante sobre o "ascendente Salvini",[143] essa estratégia de comunicação também foi capaz de explorar a própria fraqueza política mais profunda do M5S. Depois de anos em que ele próprio fez "propaganda contra uma 'invasão' marítima", o M5S foi "forçado a seguir a Lega no terreno mais favorável a ela, com ocasionais protestos ineficazes contra atos particularmente grosseiros de xenofobia".[144] Isso se expressou sobretudo no comportamento da figura que tinha o poder de de fato fechar os portos – Danilo Toninelli, do M5S, ministro da Infraestrutura. Preso pela lealdade a seu parceiro de coalizão e pela política mais evasiva do M5S, ele transformou os *tweets* de Salvini em decretos do governo sem nem mesmo os discutir, ao mesmo tempo evitando o "crédito" pelo bloqueio aos migrantes, que em vez disso foi para o líder da Lega.

O tão anunciado fechamento dos portos foi uma jogada particularmente notável. Afinal, nunca foi uma política de pleno direito, bloqueando todas as chegadas, mas sim uma série de proezas para a mídia, nas quais Salvini começou brigas com uma pequena minoria das tripulações que traziam refugiados para a Itália. Particularmente significativo foi o caso do navio da Guarda Costeira Diciotti. Em agosto de 2018, algumas semanas após a posse do novo governo, esse barco chegou à Sicília, com 177 migrantes a bordo; Salvini anunciou que não teria permissão para atracar. Quatro meses depois, a Promotoria de Agrigento denunciou o ministro do Interior por sequestro, o que acabou por orquestrar mais uma manobra do líder da Lega: como diz Pucciarelli, "quando Salvini foi informado pelo promotor de Palermo de que era acusado de abandonar migrantes resgatados pelo navio da Guarda Costeira Diciotti, ele registrou o momento em que abriu a notificação oficial no Facebook Live,

---

[143] Matteo Pucciarelli, "Salvini Ascendant", *New Left Review*, n. 116-117, mar.-jun. 2019, p. 9-30.

[144] Ibid., p. 25.

onde foi visto 1,1 milhão de vezes, obtendo 111 mil respostas na forma de *emoticons* expressando prazer, raiva, surpresa, tristeza, 82 mil comentários e 25 mil compartilhamentos. No Twitter, a *hashtag* #complicediSalvini de seus apoiadores gerou 192 *tweets* e 833 *retweets* por hora".[145] Ele poderia, no entanto, contar com a capacidade do Parlamento para salvá-lo do julgamento; temendo que o governo pudesse entrar em colapso se Salvini fosse arrastado aos tribunais, o M5S votou no Senado para salvá-lo da acusação. Uma bela "limpeza" da política.

Não só o M5S foi covarde diante da agenda de Salvini – engolindo sua linha anti-imigração dura, mas também sua política de tributos fixos de cortes no orçamento –, como começou também a perder votos para a fortalecida Lega. Como observamos, apenas uma pequena porcentagem de eleitores de esquerda mudou para o partido de Salvini nas eleições gerais de 2018: apenas 2% dos eleitores do PD de 2013 o fizeram, e o M5S foi de longe a força mais robusta entre as categorias sociais tradicionalmente associadas à esquerda socialista e comunista. No entanto, depois que o governo foi de fato concretizado – e o M5S começou a se tornar um cúmplice fiel da Lega –, também ficou claro que o partido "nem esquerda nem direita" poderia servir como uma espécie de "porta de entrada no mundo das drogas". O M5S não só se beneficiou do enfraquecimento do PD, mas mobilizou a antiga base de centro-esquerda para uma política diferente, determinada nem por valores culturais "progressistas" nem pelos interesses materiais da classe trabalhadora. Ainda assim, com o governo tendo uma agenda imediata dominada pela migração, os eleitores que haviam rompido com a esquerda em favor do M5S começaram a se voltar para a realidade. Nas eleições administrativas de 10 e 24 de junho de 2018, o M5S já tinha começado a perder alguns dos seus candidatos a

---

[145] Ibid.

favor da Lega. Alguns dirigentes até decidiram lavar as mãos do governo: desde o presidente do Parlamento Roberto Fico, que se manifestou contra Salvini, a Alessandro di Battista, que foi dar uma volta ao mundo.

Após as eleições gerais de março, o avanço da Lega sobre a Força Itália imediatamente levou a um aumento nas pesquisas, à medida que os eleitores de centro-direita começaram a se agregar em torno do maior partido de centro-direita. Mas também havia testes difíceis à vista para a Lega, principalmente na questão europeia. Esse tema abarcou sobretudo as diferentes prioridades econômicas dos dois partidos, visto que a principal prioridade do M5S era a promessa de uma renda cidadã – na verdade, algo mais parecido com o subsídio de desemprego do que com uma renda básica universal incondicional –, enquanto a Lega prometia cortes nos tributos. A vantagem de Salvini aqui foi que ele nunca foi forçado a escolher entre os dois: em vez disso, seu partido permaneceu em silêncio sobre os gastos sociais, insistindo explicitamente que a Itália não deveria ser controlada pela União Europeia. A questão da soberania poderia, assim, ser empurrada para um terreno mais cultural ou identitário, ficando em segundo plano as verdadeiras questões de política econômica afetadas pela arquitetura da zona do euro. Esse problema materializou-se em dezembro de 2018, quando o governo apresentou a Bruxelas planos que previam um déficit orçamental de 2,4% – dentro do máximo de 3%, mas ainda não o suficiente para convencer as autoridades europeias (ou mesmo o ministro das Finanças, Tria) do compromisso da Itália em reduzir sua dívida. Na farsa, chegou-se a um acordo que incluía um déficit de 2,04%, talvez semelhante o bastante para aqueles que não estivessem prestando atenção. Salvini não ofereceu nenhuma resistência real, mas reafirmou seu papel quase presidencial, oferecendo voar a Bruxelas para resolver as negociações orçamentárias – apesar de ser apenas ministro do

Interior. Mais uma vez, Salvini estava usando um velho truque da Lega: agir como se fosse a oposição, mesmo no governo. No entanto, se Bossi havia contraposto o regional ao nacional, Salvini também encenou batalhas com a União Europeia.

Enquanto a base da Lega foi galvanizada por essas palhaçadas – mais latidos do que mordidas –, o M5S foi jogado de uma crise para a outra. Essa experiência terrível no governo não era, na verdade, inteiramente nova para o movimento. Nos governos locais, ele havia sofrido da mesma forma, mostrando-se mais alterado pelas restrições do poder institucional do que ele próprio capaz de superá-las. Mesmo em Roma, onde Virginia Raggi foi eleita prefeita em junho de 2016, o M5S cambaleou entre desastres, governado por incompetência ou inescrutabilidade; a primeira cidadã de Roma sofreu não apenas uma crise contínua sobre o recolhimento de lixo, mas também uma onda de incêndios nos transportes públicos e até mesmo um escândalo de suborno envolvendo um de seus colaboradores mais próximos. Isso não apenas prejudicou a imagem de dignidade do M5S – forçando o partido a abandonar seu estatuto anticorrupção em relação à conduta de seus membros –, mas já havia produzido reveses eleitorais, perdendo votos na capital mesmo em meio a seu maior sucesso nas eleições gerais de março de 2018. Igualmente irregular foi o período de sua contraparte no M5S Chiara Appendino como prefeita de Turim, que enfrentou uma investigação por peculato, além de ter de recuar na oposição histórica do movimento à linha ferroviária do TAV entre Gênova e Lyon. Em ambos os casos, a falta de uma liderança política clara fez com que o alegado movimento "anticorrupção" fosse julgado com base em seus próprios critérios preferidos de honestidade e probidade – e os resultados não foram impressionantes.

O efeito desses fenômenos combinados foi que, nos primeiros meses da coalizão, a Lega já havia começado a se estender a novos territórios, obtendo apoio não apenas de outros partidos de direita, mas também do próprio M5S. Esse sucesso foi particularmente notável, pois frequentemente representa regiões não pertencentes à Padânia, onde a velha Lega Nord não havia apresentado candidatos em eleições comparáveis antes de sua virada nacionalista italiana. Já em 22 de abril de 2018, nas semanas seguintes às eleições gerais, a Lega havia subido de 0% para 8% em Molise, região da Itália central; ainda mais impressionantes foram as pontuações no Val d'Aoste, de língua francesa, em 20 de maio – onde ficou com 17%, concorrendo pela primeira vez – e depois no Trentino-Alto Adige, predominantemente de língua alemã, onde a Lega subiu de 6% para 11% na eleição realizada em 21 de outubro. Ao mesmo tempo, as pesquisas nacionais já haviam começado a mostrar no final de julho de 2018 a Lega como o maior partido único, chegando a ultrapassar um terço dos votos em todo o país – uma força capaz de começar a estender seu alcance mesmo nas mais improváveis regiões. O partido nacionalista italiano estava agora se tornando mais genuinamente nacional em sua organização, especialmente quando quadros de outros partidos de direita começaram a se reunir sob sua bandeira.

Isso também representou problemas organizacionais. A tendência geral sob a liderança de Salvini tem sido intensificar a centralidade da plataforma de mídia pessoal do líder, desconhecida até mesmo na era Bossi. Por enquanto, pelo menos, os novos membros da Lega podem contar com Salvini como o vencedor. Mas, ao lado do oportunismo de muitos apoiadores tardios da Lega, havia também um elemento inconfundível de aventureirismo político, pois figuras do Norte mudaram-se para virar líderes da Lega local nesses mesmos territórios. Nas eleições gerais de março de 2018, Salvini foi eleito um dos deputados pela Calábria, a região mais ao Sul da Itália continental. Mas, paralelamente a isso, estava o que Susanna Turco chamou de ascensão da Lega do Sul: a reciclagem de pessoal de outros partidos, agora fundida em uma força baseada no Sul que executou os planos originais do Noi con Salvini.[146] Daí o ex-secretário da Lega em Varese (uma província que faz fronteira com a Suíça) ter descido à Sicília para assumir o controle de um partido local liderado por ex-membros dos antigos DC e Força Itália; nas palavras do jornalista Antonio Fraschilla, eles seguiram a antiga tradição da burguesia siciliana de "entrar na onda". Ex-fascistas, chefes políticos locais de todo o espectro político e até círculos ligados ao crime organizado – todos participaram da corrida para se tornar membros locais da Lega, em uma força nacionalista que não os excluía mais da comunidade padaniana.

Anteriormente, indicamos a organização territorial da Lega como um ponto forte. Nesse sentido, ela ainda não completou sua transformação em uma força verdadeiramente nacional, capaz de sobreviver aos reveses da própria liderança de Salvini. Sua ostentação tanto de uma cafonice nacionalista quanto de contas do rosário pode ajudá-lo a avançar para o Sul, mas nas áreas mais entrincheiradas do partido, é a causa regionalista que importa ainda mais. Isso também criou tensões com o M5S, inclusive no plano de governo, anunciado no início de 2019, de "autonomia diferenciada": uma proposta que daria maiores poderes a algumas das regiões mais ricas da Itália (o coração da Lega no Vêneto e na Lombardia, bem como na Emília-Romanha), garantindo também que quem paga mais tributos também possa gastar mais. Salvini também tentou estender o federalismo para além do Norte, em particular com uma aliança com o eclético Partido Sardo da Ação (PSD'AZ na sigla em italiano), vencedor das eleições regionais em fevereiro de 2019. No entanto, o projeto não é tão fácil de implementar em todos os lugares. Pois, como as regiões

---

[146] Susanna Turco, "Pasticcieri, speaker radio, ex missini: ecco la Lega sudista (e riciclata)", *L'Espresso*, 24 de setembro de 2018.

mais pobres e com mais populações rurais sabem, elas ficarão relativamente em desvantagem se a Lega permitir que suas regiões de origem retenham mais tributos. Assim, se a liderança nacionalista de Salvini levou o partido a níveis até então desconhecidos, ela também criou uma linha de fratura potencial nas fileiras da Lega, com os pedidos de líderes regionais como Luca Zaia, do Vêneto, ou Attilio Fontana, da Lombardia, em contraste com qualquer outro projeto nacional mais abrangente.

O projeto nacionalista de Salvini marcou, sem dúvida, um desenvolvimento extraordinário na Lega. O poder do entrincheirado partido de quadros do Norte agora foi projetado por toda a península – em parte pela extensão de seu modelo territorial histórico, mas muito mais pela presença de Salvini como uma figura da mídia. Como descrevemos neste livro, a rapidez dessa virada não é surpreendente por si só, no clima mais amplo de volatilidade – o progresso do Movimento Cinco Estrelas nas eleições da virada de 2013, ou mesmo Berlusconi no início da Segunda República, foram igualmente impressionantes. Mas aqui reside um perigo para a Lega. Nas palavras de Susanna Turco, os recém-chegados nas fileiras da Lega "parecem um pouco uma onda como a da Força Itália em 1994, um sucesso retumbante que então se transforma em uma força organizada".[147] O nacionalismo duro e o sentimento anti-imigração parecem, por enquanto, colar as várias almas da Lega. No entanto, a Lega também sempre lutou por um certo conjunto de reivindicações materiais, e seu jogo de equilíbrio entre posições contraditórias e muitas vezes evasivas sobre a zona do euro, os gastos públicos e os gastos sociais está tudo menos garantido a durar. Em seu primeiro ano e meio de governo, Salvini apareceu como onipotente, mesmo mantendo uma posição de oposição. Resta

---

[147] Ibid.

saber se conseguirá consolidar sua nova base e transformar a direita radical na principal força do país.

Essa é, de fato, a questão-chave com que se defronta a política italiana, que está cada vez mais coesa em um dualismo entre defensores de Salvini e seus oponentes. Isso ficou evidente em agosto de 2019, quando Salvini decidiu que era hora de lucrar com sua vantagem nas pesquisas e varrer até mesmo as fracas restrições impostas a ele pela presença do M5S no governo. Com o bloco de direita com bem mais de 50% nas pesquisas – e a Lega agora como o maior partido do país, depois de vencer as eleições europeias –, ele anunciou sua renúncia do Ministério do Interior, enquanto tentava forçar as novas eleições que o trariam para o gabinete de primeiro-ministro. No entanto, o sempre bem-sucedido Salvini aqui encontrou um primeiro revés. Como era do interesse de Salvini ir às urnas, o M5S entrou em modo de autopreservação: o fundador Beppe Grillo escreveu uma postagem em seu blogue invocando a "coerência da barata" e a necessidade de acordos quando "os bárbaros [estavam] nos portões".[148] Para Matteo Renzi, também era hora de parar de relaxar com o balde de pipoca – e ajudar a negociar uma nova aliança entre M5S, PD e seus aliados pessoais. Salvini mais uma vez conseguiu unir um conjunto de forças aparentemente não naturais. No entanto, dessa vez, eles estavam tentando bloqueá-lo: o outrora *antiestablishment* M5S estava agora entrando na aliança do principal partido de centro do país. Eles esperavam, pelo menos, ser capazes de manter os bárbaros nos portões, mesmo que apenas por mais alguns anos.

---

[148] Beppe Grillo, "La coerenza dello scarafaggio", Beppegrillo.it, 10 de agosto de 2019.

Conclusão

Enquanto eu dava os retoques finais a este livro no final de janeiro de 2020, o Partido Democrático comemorava sua vitória eleitoral na Emília-Romanha, uma das poucas fortalezas vermelhas duradouras. Após a formação da coalizão PD-M5S em setembro de 2019, a Lega continuou seu avanço eleitoral – nessa disputa, Salvini havia prometido que uma vitória de seu candidato daria o "empurrão" final ao governo. No final, ele foi derrotado, com a vitória da centro-esquerda com 51,4% dos votos. Em um editorial do *La Repubblica*, Massimo Giannini declamaria que "Stalingrado não caiu".[149] Metáforas antifascistas surgiram várias vezes durante a própria campanha; milhares de manifestantes anti-Lega se reuniram em lugares como a Piazza Maggiore em Bolonha, cantando o hino da Resistência "Bella Ciao" e se declarando "os *partigiani* de 2020".[150] Assim chamados por como se "enlatavam" nas praças públicas, essas "Sardinhas" reivindicavam uma inspiração democrática e apartidária, e foram amplamente creditadas por terem mobilizado o voto contra Salvini no coração histórico do antifascismo. Com a chegada dos resultados das eleições, o líder do PD Nicola Zingaretti

---

[149] Massimo Giannini, "Elezioni Regionali, Stalingrado non è caduta", *La Repubblica*, 27 de janeiro de 2020.

[150] "Sardine a piazza San Giovanni: 'Siamo i partigiani del 2020', *Adnkronos*, 14 de dezembro de 2019; referência a uma manifestação em Roma, embora Carlo Smuraglia, presidente da associação de veteranos partidários ANPI, tenha traçado paralelos em uma carta aberta às Sardinhas em 3 de dezembro de 2019, disponível em: https://anpi.it.

ofereceu seus "imensos agradecimentos às Sardinhas" pela participação em massa a favor do candidato de centro-esquerda.

O alívio do PD com o resultado foi surpreendente. Afinal, essa era uma fortaleza que a esquerda outrora consideraria inatacável. A Emília-Romanha sediou o primeiro partido socialista da Itália em 1881, foi um pilar da Resistência contra o fascismo, e desde 1970, o Partido Comunista e seus sucessores mantiveram o controle ininterrupto da região, construindo uma densa rede associativa que ligava o partido a cooperativas, sindicatos e empresas municipais. O enfraquecimento dessas estruturas teve efeitos eleitorais evidentes: em 2019, o PD perdeu prefeituras como Ferrara e Forlì para a Lega, e então o governo regional anteriormente inexpugnável na Umbria. Essas derrotas não sugeriam que os eleitores do PD estavam recuando para a Lega, já que a desmoralização popular havia permitido que a direita se esgueirasse em meio a um baixo comparecimento às urnas. No final, a campanha polarizada na Emília-Romanha ajudou o PD a voltar para casa: o milhão de votos para o candidato de Salvini quase se igualou ao total que Berlusconi havia coletado em 2000, mas uma quantidade suficiente da base de centro-esquerda compareceu para rejeitá-lo.

A eleição, portanto, teve um endurecimento da polarização entre centro-esquerda e direita populista – talvez até apontando para uma nova recomposição do sistema partidário. Dentro do bloco de direita, o apoio fluía esmagadoramente para o partido de Salvini: enquanto o candidato da Lega obteve 32% dos votos, o veículo Força Itália de Berlusconi foi reduzido a apenas 2,6% – atrás do pós-fascista Irmãos da Itália, de Giorgia Meloni, com 8,6%. O número total de votos na direita não era um recorde histórico, mesmo nessa "região vermelha", mas esses eleitores agora apoiavam forças cada vez mais radicais. O PD voltou-se para centrar as eleições em questões locais, de jardins de infância ao transporte escolar gratuito. Mas a própria abordagem de guerra cultural da Lega – estimulando o escândalo sobre a adoção de crianças por serviços sociais e a recente liberdade condicional de um assassino de crianças – mostrou a força de uma agenda populista chocante, não diretamente focada nas demandas materiais, mas sim na deslegitimação radical da esquerda.

No entanto, essa polarização se devia a um aspecto menos conhecido das eleições: o desaparecimento efetivo do partido que primeiro elevou Salvini ao governo nacional. Embora o Movimento Cinco Estrelas tenha permanecido como a maior força individual no Parlamento, na verdade o partido com a representação mais forte no governo nacional, ele colapsou com resultados eleitorais lamentáveis, enquanto seus eleitores se dividiram entre o candidato do PD (que obteve dois terços de seus votos)[151] e, em menor grau, a Lega. Nas eleições gerais de março de 2018, o M5S era o maior partido único da Emília-Romanha, com 27,5% do apoio – dessa vez, despencando para 4,7%. Em uma disputa simultânea na Calábria, no coração do Sul do M5S, houve uma queda ainda mais abrupta, de 43,4% para 6,2% em menos de dois anos. Embora as disputas regionais muitas vezes tenham sido desfavoráveis ao M5S, não foi possível esconder a sensação de crise. Com o partido em dificuldades nas urnas, o líder Luigi di Maio renunciou quatro dias antes das eleições.

No momento em que este livro foi escrito, o M5S ainda estava no governo, junto com o PD. Ainda assim, com resultados tão fracos – e avaliações, segundo as pesquisas, abaixo da metade da pontuação de 2018 –, essa força "anti*establishment*" agora parece uma sobra parlamentar, apavorada com o próximo encontro com o eleitorado. Um declínio tão rápido ilustrou bem a superficialidade fundamental do M5S, incapaz de passar no

---

[151] "Claudio Bozza, Emilia-Romagna, la svolta degli elettori M5S: due su tre sono passati al Pd", *Corriere della Sera*, 27 de janeiro de 2020.

teste do poder institucional. Tendo prometido nunca entrar em coalizões, 18 meses após a vitória eleitoral em março de 2018, ele se aliou primeiro com a Lega, depois com os Democratas, tornando-se, nos dois casos, o parceiro subordinado, apesar do número significativamente maior de deputados e senadores. Antes de sua morte em 2016, o cofundador Gianroberto Casaleggio havia insistido que o M5S só governaria com o PD "por cima de seu cadáver": isso, de fato, aconteceu, expondo a total inconsistência do partido. Em vez de mudar as formas da política, o próprio M5S foi mudado, jogando ao mar primeiro seu estatuto anticorrupção, depois sua política de não coalizão e, em seguida, sua promessa de privar os barões da imprensa do financiamento estatal.

Uma história tão triste se encaixa bem com os tempos políticos explorados neste livro: intensa volatilidade, nascida da desconexão entre contêineres efêmeros de partidos e uma sociedade italiana fragmentada. Nos Capítulos 1 e 5, vimos os eventos contingentes que facilitaram a ascensão de Salvini: da queda de Bossi à condenação final de Berlusconi e a vontade do M5S de elevá-lo a ministro do Interior. No entanto, esse sucesso também se deu com base em pontos fortes mais profundos da Lega, cuja organização territorial profundamente enraizada lhe permitiu várias vezes sobreviver a imprevistos eleitorais temporários. Promovido ao governo nacional em junho de 2018, Salvini usou sua plataforma de mídia para engolir seus irmãos-inimigos de direita, transformando o Ministério do Interior em um palco de uma campanha eleitoral permanente. Quando, em agosto de 2019, ele tentou lucrar com seu sucesso – dividindo a coalizão M5S-Lega –, ele não conseguiu as eleições antecipadas que estava procurando. Ainda assim, ao que tudo indica, o M5S é um partido com o tempo contado, enquanto Salvini lidera um bloco de direita que comanda mais de 50% dos votos nas pesquisas.

A política italiana desafia as previsões fáceis, e o esforço de Salvini no sentido de uma hegemonia duradoura ainda tem obstáculos a superar. A organização territorial da Lega no Sul é relativamente superficial, enquanto o pós-fascista Irmãos da Itália é atualmente uma força em ascensão, fatores que no mínimo atrapalham seus esforços de transformar sua liderança nas pesquisas e sua plataforma de mídia em um verdadeiro partido nacional. As vanglórias da vitória iminente na Emília-Romanha, como a malsucedida tentativa de eleições antecipadas, talvez tenham minado um pouco a sua credibilidade como vencedor. No entanto, a mudança geracional da centro-direita da era berlusconiana para a direita nacionalista liderada por Salvini representa um inimigo formidável e duradouro para a esquerda: as prefeituras e governos regionais recentemente conquistados pela Lega devem permitir a extensão de sua hegemonia e o aprofundamento de sua organização. E, como nos dias de antiberlusconismo, respostas puramente defensivas – o apelo moral para reunir todas as forças contra Salvini, para deter os "bárbaros nos portões" – só correm o risco de alimentar sua tentativa de polarizar o campo político em torno de sua própria agenda.

Se a Emília-Romanha fosse, de fato, uma "Stalingrado", ainda parece muito incerto se os herdeiros do Partido Comunista Italiano farão mais do que defender suas últimas fortalezas – e de fato seguir para recuperar o terreno perdido. Com a derrota do PD na Calábria, no mesmo dia da votação na Emília-Romanha, a centro-esquerda ficou reduzida ao controle de apenas seis regiões, contra 13 da direita. Mas, mais fundamentalmente, o perfil de classe dos eleitores do PD, cada vez mais baseado em italianos mais ricos e mais velhos, aponta para um futuro ameaçador: um partido não mais capaz de prometer dias melhores, mas apenas implorando à sua antiga base para conter as hordas. O colapso em curso do M5S anuncia o retorno de uma polarização tradicional, que opõe o bloco de centro-esquerda à direita liderada pela Lega de Salvini. Mas o que mudou foi o conteúdo desses blocos, pois a centro-esquerda não parece mais um veículo capaz de galvanizar os trabalhadores para um maior bem-estar material e uma participação democrática mais profunda.

Este livro também foi concluído em um momento decisivo na política da Europa, quando o Reino Unido deixou a União Europeia. Desde a votação do Brexit em junho de 2016, a perspectiva de outros países seguirem porta afora – talvez incluindo uma Italexit ou Italeave – diminuiu constantemente. Se a imprensa sugeriu, na preparação para as eleições gerais italianas em março de 2018, que a eleição de uma coalizão populista poderia anunciar um novo evento de crise para o euro, tanto a Lega quanto o M5S já haviam abandonado os pedidos por um referendo sobre a saída do euro, e sua oposição de curta duração às restrições orçamentárias de Bruxelas acabou se mostrando puramente teatral. Formando um bloco de extrema direita mais forte no Parlamento Europeu em maio de 2019, Salvini expressou o euroceticismo de sua base, mas sobretudo em termos da imigração e do que Bruxelas eufemisticamente chama de "preservação do modo de vida europeu". Isso não significa que a difícil relação da Itália com a integração europeia encontrou uma resposta – ou que a oposição da Lega se absterá de condenar restrições fiscais esmagadoras, como o Mecanismo de Estabilidade Europeu.

Desde a assinatura do Tratado de Maastricht em 1992, evento que se seguiu logo após a dissolução do Partido Comunista, a centro-esquerda tem afirmado continuamente a primazia das regras europeias sobre todas as outras considerações – adotando a "amarra externa" na política democrática italiana. Isso, como em outros países, forneceu um enquadramento ideológico para as raízes enfraquecidas da esquerda na política de classe, mostrando que a Europa tanto pode não fornecer benefícios materiais para os trabalhadores quanto exigir sacrifícios destes últimos em nome do europeísmo. Na falta de qualquer perspectiva para reverter os termos dessa relação – garantindo o alívio da montanha de dívidas ou conseguindo espaço para tomar emprestado e investir –, o único efeito é um esvaziamento contínuo da base social da esquerda, reduzida confortavelmente a algumas resistências, a ponto de tratar a questão europeia apenas como uma guerra cultural. É verdade que a classe trabalhadora não se parece com o que era, mas a centro-esquerda italiana também não está mobilizando os precarizados, os trabalhadores de cuidados nem os autônomos.

Seria otimista dizer que a Itália se encontra numa encruzilhada, como se estivesse escolhendo entre dois caminhos diferentes, pois se, por um lado, o tumulto da política italiana desafia as previsões fáceis, por outro a Lega é de longe a força mais dinâmica, com as oportunidades mais claras de fincar raízes. A contínua falta de crescimento econômico e os perigos representados pela próxima crise na zona do euro parecem muito mais prováveis de alimentar o nacionalismo da Lega, mesmo que isso não implique qualquer ruptura total com o projeto da União Europeia. As perspectivas de uma alternativa de esquerda continuam sombrias: por quase três décadas, esse mesmo projeto serviu de moldura ideológica para o que Luciano Gallino chama de "luta de classes depois da luta de classes",[152] a saber, a guerra contra os direitos sociais e trabalhistas, a redistribuição ascendente da riqueza e a redução do investimento público, que se seguiram ao colapso quase total da velha esquerda e do movimento operário. Entre todos os países europeus, essas forças são talvez mais fracas na Itália do que em qualquer outro lugar.

---

[152] Luciano Gallino, *La Lotta di Classe dopo la Lotta di Classe*. Bari: Laterza, 2012.

Para Salvini, como Berlusconi em seu apogeu, a guerra contra a esquerda – contra os "vermelhos" e "comunistas" – pode continuar, mesmo na ausência de forças comunistas organizadas. Posto como uma redenção do suposto domínio cultural da esquerda, isso permite que um nacionalismo severo seja colocado em termos de vitimização, não muito diferente dos populismos de extrema direita que se espalham pela Europa central e oriental. Como na Hungria de Viktor Orbán ou na Polônia sob o Lei e Justiça, a deslegitimação da esquerda está sendo usada para exigir o silêncio de uma gama muito mais ampla de forças de oposição, de ONGs que trabalham no resgate de migrantes a feministas e ambientalistas. No entanto, defender esses movimentos é apenas uma parte dos enormes desafios que uma esquerda italiana paralisada enfrenta. Depois de décadas de derrotas, o que mais falta é a capacidade de se imaginar como mais do que uma força de resistência, oposição e subcultura, capaz de mobilizar a maioria social, conquistar instituições e usá-las para montar uma revitalização mais ampla da economia e sociedade italianas.

Nos termos de Gallino, a perda da esperança coletiva – a crença de que ações comuns podem ter um impacto real nas decisões políticas e econômicas – deu origem a respostas individuais e atomizadas, caracterizadas pela desilusão e pelo desespero. Esses foram os sentimentos mobilizados tanto pelo Movimento Cinco Estrelas quanto pela Lega, que por sua vez fincaram suas bandeiras nos antigos centros do coração da esquerda. Os socialistas costumavam falar do "sol do futuro", a promessa do amanhã – uma visão difícil de imaginar no clima atual. Privadas de um partido próprio, as massas atomizadas se cindiram em fragmentos sem poder, capazes de sinais esporádicos de descontentamento, mas não de levar adiante um conjunto alternativo de valores, uma visão de regeneração, uma comunidade construída sobre o orgulho coletivo. A Itália tem, de fato, um conflito social, mas é uma guerra travada de cima, desmantelando e desagregando as conquistas históricas do movimento operário e gerando um clima cada vez mais severo de ressentimento, divisão e desprezo pela esfera pública.

Comecei este livro dizendo que a Itália não é um fato anômalo – na verdade, é mais uma concentração da condição presente do que um retorno ao passado. Em que pesem todo o desconhecimento das siglas partidárias e todas as idiossincrasias de suas regiões, a Itália nas últimas décadas tem sido um laboratório para as mudanças que agora vemos se espalharem no Ocidente. A refundação da direita por um demagogo nacionalista, e de fato o colapso da esquerda da classe trabalhadora, não estão de forma alguma limitados a essa península; o enfraquecimento do compromisso político e das instituições democráticas está, similarmente, se tornando cada vez mais evidente, mesmo fora das costas italianas. Aqui, como em outros lugares, as campanhas incitadoras visando a um mal menor, reunindo todas as forças para manter os "bárbaros" à distância, nunca parecem impedir que os males piorem. A imprensa liberal costumava reclamar que o populista vulgar Berlusconi estava minando a vida pública italiana e que o domínio do magnata nunca teria fim. Agora que o colapso político da Itália continua acelerado, alguns ficariam felizes em trazê-lo de volta.[153]

Para os oponentes de Salvini, chamá-lo de mentiroso, corrupto e fascista ainda não abriu uma brecha em seu apoio. Pior ainda, mostra perigosamente poucos sinais de que é possível dar à maioria social a sensação de que a política pode melhorar suas vidas – e que a ação política envolve mais do que manter

---

[153] Bill Emmott, "Italy's Sobering Election", *Project* Syndicate, 4 de janeiro de 2018. Nesse artigo, o crítico de longa data de Berlusconi e ex-editor do *Economist*, Bill Emmott, disse que preferia o bilionário a uma "insurreição populista", em nome da estabilidade.

os bárbaros à distância. Durante três décadas, a esquerda não soube responder a esse problema, e não apenas nessa península. Fazê-lo é imperativo, antes de todos descobrirmos que a Itália é o espelho do nosso futuro.

Agradecimentos

Quando morei em Roma pela primeira vez, no verão de 2011, para fazer pesquisa de arquivo para meu trabalho de conclusão do curso de história, não teria imaginado que minha vida ficaria tão ligada à Itália. A quase morte da esquerda italiana criou, ao menos, tempos interessantes. Mas a redação deste livro também ganhou vida graças a amigos encontrados ao longo do caminho, alguns dos quais tiveram a gentileza de ler os rascunhos dos capítulos. Nenhum descrédito é atribuído a eles em razão das partes mais controversas do meu texto.

Em nenhuma ordem particular, gostaria de agradecer a Luca Cangianti, Lorenzo Alfano, Lorenzo Zamponi, Ornella Punzo, Martina Caruso, Simone Gasperin, Giacomo Gabbuti, Thomas Fazi, Bethan Bowett-Jones, Marta Fana, Loren Balhorn e, especialmente, Julia Damphouse. Agradeço também ao pessoal do Bar Marani, de cujo terraço escrevi a maior parte deste texto, e a todos na Verso Books, em particular Sebastian Budgen.

Sobre o autor

Foto: Lava Media

David Broder é escritor e tradutor morando atualmente em Roma. É editor da revista *Jacobin* e escreve regularmente sobre política italiana para publicações como a Internazionale.

Este livro foi produzido com o apoio da Fundação Perseu Abramo. Instituída pelo Diretório Nacional do Partido dos Trabalhadores em maio de 1996.

Diretoria
Presidente: Aloizio Mercadante
Vice-presidenta: Vívian Farias
Elen Coutinho
Jéssica Italoema
Alberto Cantalice
Artur Henrique
Carlos Henrique Árabe
Geraldo Magela
Jorge Bittar
Valter Pomar

Conselho editorial:
Albino Rubim, Alice Ruiz, André Singer, Clarisse Paradis, Conceição Evaristo, Dainis Karepovs, Emir Sader, Hamilton Pereira, Laís Abramo, Luiz Dulci, Macaé Evaristo, Marcio Meira, Maria Rita Kehl, Marisa Midori, Rita Sipahi, Silvio Almeida, Tassia Rabelo, Valter Silvério
Coordenador editorial:
Rogério Chaves
Assistente editorial:
Raquel Costa

fpabramo.org.br